Karl Hillenbrand

DIE LIEBE CHRISTI DRÄNGT UNS

Karl Hillenbrand

Die Liebe Christi drängt uns

Gedanken zum Dienst des Priesters

echter

Die Deutsche Bibliothek – CIP-Einheitsaufnahme

Hillenbrand, Karl:
Die Liebe Christi drängt uns : Gedanken zum Dienst des Priesters / Karl Hillenbrand. – Würzburg : Echter, 1992
ISBN 3-429-01436-0

Mitglied der Verlagsgruppe »engagement«

Umschlag: Ernst Loew (Abb.: Ikonenbild aus Taizé: Christus und der hl. Menas, koptisch, 6./7. Jahrhundert, Louvre, Paris. Foto: R. M. N.
Gesamtherstellung: Echter Würzburg
Fränkische Gesellschaftsdruckerei und Verlag GmbH
ISBN 3-429-01436-0

Inhalt

Vorwort 9

I. VORAUSSETZUNGEN

Wonach junge Menschen fragen 13
Priesterberufe und unsere Mitsorge 22
Zur Aufgabe des Priesterseminars heute 30

II. PERSPEKTIVEN

Diakonia als »lebenslanges Zwischenspiel« 41
Priesterweihe – wofür? 51
Eucharistische Lebenskultur 58

III. LEBENSFORMEN

Armut als bleibender Anspruch 71
Ehe und Ehelosigkeit – zwei Wege der Liebe Gottes 78
Grundlinien des Gehorsams 84

IV. KONKRETIONEN

Priester und Laien im Dienst an der Glaubensverwirklichung 89
Der Dienst des Diözesanpriesters und das Leben der Ordensleute 95
Leben in Gemeinschaft 108

V. IMPULSE

Zeugen gesucht 121
Die verwundeten Helfer 128
Dienen will gelernt sein 135

Für Bischof
Dr. Paul-Werner Scheele
zum 40. Jahrestag
seiner Priesterweihe
am 29. März 1992

Vorwort

Vor einiger Zeit fand ich in einem Kalender die Beschreibung des perfekten Pfarrers:

»Der perfekte Pfarrer predigt genau zehn Minuten. Er verdammt die Sünde rundum, tut dabei aber niemandem weh. Er arbeitet von acht Uhr morgens bis Mitternacht und ist auch der Hausmeister der Kirche. Der perfekte Pfarrer verdient 100 Mark in der Woche, ist gut angezogen, fährt ein neues Auto, kauft gute Bücher zu seiner Weiterbildung und spendet 80 Mark wöchentlich für gute Zwecke. Er ist 29 Jahre alt und hat dabei für 40 Jahre Lebenserfahrung. Vor allen Dingen, er sieht gut aus. Der perfekte Pfarrer hat ein brennendes Verlangen, mit Jugendlichen zu arbeiten, und verbringt die meiste Zeit mit älteren Menschen. Er lächelt die ganze Zeit mit ernstem Gesicht, denn er hat einen Sinn für Humor, der ihn fest seiner Pfarrei verpflichtet. Er macht täglich fünfzehn Hausbesuche und ist immer in seinem Büro erreichbar, wenn man ihn braucht.
Der perfekte Pfarrer hat immer Zeit für Pfarrgemeinderat und Kirchenverwaltung und die entsprechenden Ausschüsse. Er versäumt keine Sitzung irgendeiner kirchlichen Organisation, und er ist immer beschäftigt mit der Missionierung der Unkirchlichen.
Den perfekten Pfarrer gibt es immer nur in der Nachbarpfarrei.«

Wir schmunzeln über diese Karikatur, aber dahinter verbergen sich Anspruchsdenken und ein Leistungsdruck, von dem sich viele Pfarrer zunehmend überfordert fühlen. Auf immer weniger Priester, so zeigt die Erfahrung des Priestermangels, kommt immer mehr zu. Welche Folgen hat es, wenn ein Pfarrer auf Dauer mehreren Ge-

meinden zugeordnet ist? Kann er dann dreimal im herkömmlichen Stil Seelsorger sein?
Belastender noch als die Vielzahl der Aufgaben ist dies: Volkskirchliche Strukturen, die im guten Sinn das religiöse Leben getragen haben, zerbröckeln – man spürt gerade im ethischen Bereich einen deutlichen Wertewandel. Es ist weithin Tatsache: Wir leben in einer Gesellschaft, in der Christentum und Kirche nicht mehr zu den Kräften gehören, die selbstverständlich das Leben bestimmen. Es wird – auch für den Priester – zunehmend schwieriger, sich in dieser Vielfalt zurechtzufinden und dabei noch anderen Orientierung zu geben.
Zu den strukturellen Problemen kommen persönliche: Mancher Priester, mancher auch, der sich über diesen Beruf als junger Mensch Gedanken macht, ist verunsichert, weil z. B. die priesterliche Ehelosigkeit in ihrem Zeugnischarakter auch von engagierten Christen nicht selten in Frage gestellt wird.
Ich will mit solchen Feststellungen kein pessimistisches Stimmungsbild zeichnen; es geht mir auch nicht um einen billigen Mitleidseffekt und schon gar nicht um eine klerikale Selbstbespiegelung. Aber die Schwierigkeiten für heutiges Christsein und den Priesterberuf müssen nüchtern gesehen werden, damit auch die Chancen des Glaubens Konturen bekommen. Beschwichtigung ist keine Lösung – schon Romano Guardini hat in den zwanziger Jahren gesagt: »Vielleicht gibt es schönere Zeiten – aber diese ist die unsere.« Deshalb kann man auch den Priesterberuf nicht losgelöst von seinen konkreten kirchlichen und gesellschaftlichen Lebensbedingungen sehen. Aber gerade in dieser veränderten Situation fragt sich: Wo und wie ist der Dienst des Priesters gefordert? Wovon lebt eine solche Entscheidung, wo liegen ihre Stützen gerade bei zunehmender Unsicherheit? Diesen Fragen möchte ich nachgehen.
Bei der Suche nach einem verbindenden Leitmotiv für

die einzelnen Beiträge stieß ich immer wieder auf die Schriftstelle in 2 Kor 4,15: »Die Liebe Christi drängt uns.« Mir ist dieses Wort im Blick auf den Dienst des Priesters deshalb so wichtig geworden, weil es in unmittelbarer Nähe zum Gedanken vom Dienst der Versöhnung steht. Damit ist ein zentraler Maßstab benannt, an dem sich das Leben des Priesters je neu messen lassen muß: Ob nämlich als grundlegende Motivation in allem Bemühen die Verbindung mit Jesus Christus deutlich wird und ob priesterliches Wirken auf den verschiedensten Ebenen Brücken schlägt und gerade in einer gesellschaftlich wie innerkirchlich sehr konfliktreichen Situation wie der gegenwärtigen nicht noch zusätzlich polarisierend wirkt. Diesem Anliegen argumentativer Verständigung sind auch die hier skizzierten Gedanken verpflichtet, die freilich oft nur helfen können, Fragen in den Blick zu bekommen, und nicht einfach »fertige« Antworten geben.
Die einzelnen Überlegungen sind im Verlauf einer mittlerweile mehr als achtjährigen Tätigkeit in der Priesterausbildung bei verschiedensten Gelegenheiten entstanden und wurden für diese Veröffentlichung nochmals überarbeitet. In ihrer Zusammenschau wurden sie fast zu einer Art »Zwischenbilanz« meiner bisherigen Zeit als Regens. (Dabei werden einem freilich auch die eigenen »Unterlassungssünden« deutlich!)
Gern nütze ich die Gelegenheit zum Dank. In der Begleitung junger Menschen bei ihrer Entscheidungsfindung ist mir vielfältige Hilfe geschenkt worden. Ich denke besonders an meine Mitarbeiter im Seminarkollegium, Dr. Heinz Geist, Dr. Helmut Gabel und Christoph Warmuth, aber auch an viele Mitbrüder innerhalb wie außerhalb unseres Bistums, an Professoren unserer theologischen Fakultät sowie ganz speziell an die ermutigenden Begegnungen in unserer Regentenkonferenz, vor allem aber an unsere Studenten selbst, von denen mir – bei

allen Unwägbarkeiten und Spannungen, die eine solche Weggemeinschaft auch kennt – immer wieder viel Vertrauen entgegengebracht wurde. Ebenso durfte ich spüren, wie bereichernd und wichtig die Unterstützung durch hauptberufliche wie ehrenamtliche Laienmitarbeiterinnen und -mitarbeiter gerade in der Priesterausbildung ist. Nicht vergessen seien die Ordensschwestern und Angestellten unseres Priesterseminars, ohne deren oft unauffällige, aber um so wirksamere Mithilfe vieles nicht möglich gewesen wäre, was nach außenhin als meine Aktivität erschienen ist.
Bischof Dr. Paul-Werner Scheele von Würzburg, auf dessen Wunsch hin ich 1983 meine Aufgabe übernommen habe, kann am 29. März 1992 den 40. Jahrestag seiner Priesterweihe feiern. Sein Jubiläum ist mir willkommener Anlaß, ihm dieses Buch in froher Verbundenheit als Dank für sein Vertrauen und als Ermutigung für sein weiteres Wirken zu widmen, zumal vieles aus gemeinsamen Überlegungen und Gesprächen in den Text eingeflossen ist.
Dankbar bin ich schließlich dem Echter Verlag und besonders seinem Lektor Dr. Markus Knapp für die Drucklegung wie überhaupt auch für die Ermutigung zu dieser Publikation. Zu ihrem termingerechten Erscheinen haben Frau Edith Hermann, die das Manuskript erstellte, sowie Peter Grieb, Burkhard Hose und Stephan Steger, die das Korrekturlesen besorgten, wesentlich beigetragen. Auch ihnen danke ich sehr herzlich.

Würzburg, im Februar 1992 *Karl Hillenbrand*

I. Voraussetzungen

Wonach junge Menschen fragen

In Gesprächen mit interessierten Jugendlichen werden bestimmte Motive für den Priesterberuf besonders häufig genannt. Etwa: »Ich spüre, daß die Menschen in meiner Umgebung mehr Lebenssinn suchen – ich möchte helfen, Fragen zu stellen und Antworten zu finden.« Oder: »Ich habe in meiner Jugendgruppe erlebt, wie bereichernd es sein kann, über den Glauben zu sprechen.« Weiterhin: »Ich kenne Priester, die mich durch ihre Art zu leben und mit Menschen umzugehen, überzeugen.« Aber auch: »Eine Position erreichen, Geld verdienen – das kann doch nicht alles sein?« Sehr oft ist ein Satz wie der folgende zu hören: »Ich bin von Jesus begeistert und möchte diese Erfahrung weitergeben.« Oder: »Ich will zeigen, daß die Frohe Botschaft etwas für heute ist.« Ebenso fallen Äußerungen wie: »Wir brauchen lebendige Hinweise auf Gott als das Ziel des Lebens – das will ich versuchen.« Einer hat es so ausgedrückt: »Ich möchte etwas für die Menschen tun und denke, der Glaube kann dabei helfen, daß Gemeinschaft gelingt.«
Hinter solchen Sätzen stehen zwar jeweils ganz persönliche Erlebnisse, die sich nicht einfach verallgemeinern lassen. Leben aus dem Glauben ist kein anonymer Vorgang und läßt sich nicht abstrakt-statistisch erfassen. Aber es werden in solchen Einzelaussagen doch so etwas wie zentrale »Erfahrungshorizonte« deutlich, die für junge Menschen auf der Suche nach einer christlich motivierten Lebensentscheidung eine wichtige Rolle spie-

len: Selbsterfahrung, Erleben von Gemeinschaft und Gottesbeziehung. Diese drei Stichworte können zugleich Perspektiven aufzeigen, die zum besseren Verständnis der gegenwärtigen Situation helfen und ebenso Anforderungen an unsere Berufungspastoral deutlich machen.

Selbsterfahrung

Viele junge Menschen haben Schwierigkeiten mit der eigenen Lebensentscheidung, weil massive »Bindungsängste« im Spiel sind. Dies zeigt sich nicht nur im Blick auf den Priesterberuf, sondern z.B. genauso in der Frage nach der Ehe als lebenslanger Weggemeinschaft. Zu häufig wird in der eigenen Umgebung das Zerbrechen von Ehen und Freundschaften erlebt; dazu kommt die Kurzfristigkeit vieler Vorgänge – Trends, die heute »in« sind, können morgen schon wieder »out« sein. All das erzeugt bei vielen Jugendlichen eine tiefgreifende Unsicherheit, die sich in Gesprächen oft in der Frage niederschlägt: Woher kann ich wissen, daß mein Leben gelingt – wer garantiert mir, daß dies gerade im Priesterberuf der Fall ist?
Aus dieser Verunsicherung resultiert häufig eine Haltung, die beim ersten Hinschauen wie eine Art »Flirtmentalität« erscheint: Nicht wenige junge Menchen, die nach einer christlichen Lebensprägung suchen, probieren die verschiedensten »geistlichen Angebote« aus, scheuen aber davor zurück, sich auf eine bestimmte Form einmal länger und kontinuierlich einzulassen. Ich denke an die Unterredung mit einem Achtzehnjährigen, der mir frei heraus sagte, er habe es innerhalb eines Jahres mit »Kloster auf Zeit« bei den Benediktinern probiert, mit einem Bibelkreis in der Pfarrei, dann mit christlichen Jugendfreizeiten – aber er bringe es nicht fertig, sich irgendwo »festzumachen«, weil er nicht wis-

sen könne, was das Richtige für ihn sei – außerdem habe er Angst, Möglichkeiten auszulassen ... Solche Bindungsscheu erklärt vielleicht auch den Reiz, den Kirchentage auf junge Menschen ausüben: Man kann dort durchaus bereichernde Glaubensimpulse erleben, ohne sich aber länger und kontinuierlich darauf einlassen zu müssen.
Aufschlußreich war für mich in dieser Hinsicht auch ein Erlebnis während eines Einführungskurses für Priesterseminaristen: Beim Thema »Priesterbild« sollte jeder unter verschiedenen Schwerpunkten in der pastoralen Tätigkeit die persönliche Prioritätensetzung deutlich machen. Knapp hinter dem meistgenannten Stichwort »Gottesdienst – Predigt – Sakramente« rangierte überraschenderweise (noch vor dem Thema »Gemeindeaufbau«) die »Einzelbegleitung« auf dem zweiten Platz! Es ist sicher keine Fehldeutung, wenn man dahinter auch den starken Wunsch nach eigenem Ernstgenommenwerden und einer intensiven individuellen Hilfe für den jeweiligen Glaubensweg vermutet. (Nicht zuletzt hier liegt einer der Gründe, warum in der Priesterausbildung zunehmend Formen persönlicher Begleitung wichtig werden.)
Patentrezepte zum Abbau solcher Bindungsängste gibt es nicht. Das Ziel kann nur sein: Wie kann in der Glaubensbegleitung die Selbsterfahrung junger Menschen so gestärkt werden, daß spürbar wird: Ich kann eine Lebensentscheidung treffen, weil sich Gott selbst in Jesus an vorläufige Menschen bindet (das beginnt schon bei den Jüngerberufungen und setzt sich in der Geschichte der Kirche fort) und ihnen die Treue hält? Gott kennt keine Bindungsangst – nur diese Erfahrung kann helfen, Reserven abzubauen.
Eugen Drewermann hat in seinem »Klerikerbuch« in neuer und drängender Weise die Frage aufgeworfen, ob man denn zu einem bestimmten Zeitpunkt Festlegungen für sein ganzes weiteres Leben treffen könne, ohne im voraus über Entwicklungen und mögliche Brüche Be-

scheid zu wissen.[1] Er verneint dies mit einer ganzen Reihe von vornehmlich tiefenpsychologischen Argumenten und Beispielen, die gewiß nachdenklich machen. Ich kann meinen Widerspruch nur auf die Erfahrung gründen, daß es im Glauben niemals um zufällige *Fügung* geht, die mich in den Wechselfällen des Lebens anonymen Kräften aussetzt. Vielmehr wird (vgl. die Erfahrung in Ps 23!) für den, der sich darauf einläßt, eine *Führung* durch Gott spürbar, die angstfreie Offenheit für meine eigene Geschichte wie die anderer Menschen ermöglicht. Motivierend für eine Lebensentscheidung ist nur die glaubhaft vorgelebte Erfahrung, daß der Verzicht auf andere Möglichkeiten von einem Gewinn an Tiefe aufgefangen und mehr als ausgeglichen wird. Selbstkritisch gefragt: Wird das in unserem Umgang als Priester und Christen mit jungen Menschen deutlich genug?

Gemeinschaft

Wenn es um die Entscheidung für den Priesterberuf ging, war der Faktor »Bindung an die kirchliche Gemeinschaft« früher sicher selbstverständlicher als heute. Ich greife gewiß nicht zu hoch, wenn ich behaupte, daß derzeit etwa ein Drittel bis die Hälfte der Neueingetretenen in unseren Seminarien ihren Entschluß von sehr individuellen Voraussetzungen her trifft.
So leben wir in der Situation (und diese ist zunächst einmal zu akzeptieren und nicht von vornherein negativ zu werten), daß nicht wenige Interessenten für den Priesterberuf häufig erst eine Art »Katechumenat«, einen Lernprozeß im Erleben von Kirche durchmachen müssen. Dabei ist die Erfahrung von Gemeinschaft durchaus erwünscht – aber häufig ist dieser Wunsch getragen von der Sehnsucht nach überschaubaren Strukturen in einer

mehr und mehr als unübersichtlich und verwirrend empfundenen Lebenswelt. Gemeinschaft wird dann assoziiert mit Geborgenheit und innerer Beheimatung. Die Anziehungskraft, die gerade die sogenannten »neuen geistlichen Gemeinschaften« auf junge Christen ausüben, dürfte unter anderem auch darin begründet sein, daß sie ein solches Gefühl des Angenommenseins in einer vom Glauben motivierten Gruppe vermitteln können.

Doch so wichtig diese Erfahrung ist – wie kann es gelingen, »Kirche« in neuer Weise als Weggemeinschaft erlebbar zu machen, die nicht nur Beheimatung bedeutet, sondern immer auch zum Aufbruch, zur Überschreitung von selbstgezogenen und vorgefundenen Grenzen der Herkunft, des Denkens, des sozialen Milieus drängt? Damit sind zwangsläufig Risiken, Unsicherheiten, Konflikte verbunden, vor denen viele zurückschrecken. Dabei ist ein interessantes Phänomen zu beobachten: Wenn »Gemeinschaft« zu einschichtig-harmonisierend verstanden wird, reduziert sich die Erfahrung von »Kirche« leicht auf das bloße Erleben von »Gemeinde«: Verbunden mit zunehmender Resignation angesichts mancher als lähmend empfundener Konflikte und Spannungen in der Kirche kann man gerade von jungen Menschen nicht selten die Meinung hören: »In der Weltkirche und auf der Ebene des Bistums kannst du ohnehin nichts ausrichten – Hauptsache, unsere Gemeinde ist in Ordnung, da läuft noch etwas ...!« Solche Redeweisen sind zwar nachvollziehbar, sollten aber ein deutliches Alarmsignal bilden – hinter ihnen steht nur zu häufig die Tendenz zum Rückzug auf eine Form von Gemeinschaft als fast selbstgenügsamer Lebensgröße.

Hinzu kommt die Angst, daß die Bindung an kirchliche Strukturen als Vereinnahmung und Abhängigwerden empfunden wird. Wie gelingt es uns demgegenüber, »neuen Mut zum Kirchesein« zu wecken[2] und deutlich

zu machen, daß es die verschiedenen Ebenen kirchlicher Gemeinschaft braucht, um das Christsein zu leben – die Katholizität der Weltkirche genauso wie die Ortsgemeinde, damit das Erleben von Glaubensverbundenheit nicht nur auf der Ebene von Kleingruppen (so wichtig diese auch sind!) festgemacht wird, sondern immer wieder »Grenzüberschreitung« gelingt und die universale Dimension unserer Hoffnung deutlich wird?
Appelle allein nützen freilich wenig; bloßes Klagen über die zunehmende Verhärtung und Unglaubwürdigkeit sich gegenseitig befeindender Richtungen in der Kirche wirkt eher lähmend und erzeugt auf Dauer nur Frustration. Konflikte dürfen gewiß nicht verdrängt werden, aber es wäre gefährlich, sich von ihnen den Blick auf die Aufbrüche verstellen zu lassen, die in verschiedensten Formen neu damit Ernst machen, daß »Kirche auf dem Weg durch die Zeit« (Drittes Hochgebet) sich nie selbst genügen und mit ihrem bloßen »Funktionieren« zufrieden sein kann. Kirche lebt vielmehr jeweils neu aus der Erfahrung: Sie besteht aus vor-läufigen Menschen, die aber für Jesus so wichtig sind, daß er sie in seiner Lebensgemeinschaft zu Vor-läufern auf das Endgültige macht, zu Wahr-zeichen eines Lebens, das sogar an den Grenzen des Todes nicht endet.
Spätestens hier wird deutlich, daß die Gemeinschaft, um die es im Glauben und in der Kirche geht, keine romantisch-verklärte »Nischenmentalität« verträgt, die in falschem Harmonisierungsstreben Unterschiede einebnet; sie muß immer wieder neu von einem Suchen und Zueinanderfinden geprägt sein, das die ständige Bereitschaft zur *Umkehr* voraussetzt – zu Gott *und* den Menschen ... Die Frage läßt mich nicht los: Wie kann Kirche als Umkehrgemeinschaft in allen Lebensbereichen auch er-lebbar werden, damit das Befreiende ihrer Botschaft erscheint?

Eine Frage, die mir im Gespräch mit Interessenten für den Priesterberuf immer wieder begegnet, lautet – auf einen Nenner gebracht – so: »Wie kann *ich* mich in der lebenslangen Bindung an Jesus wiederfinden? Wie kann *ich* mich in die Kirche einbringen?« Dahinter steckt fast immer ein echtes persönliches Betroffensein von der Reich-Gottes-Botschaft Jesu, das offen ist für verschiedenste Formen ehrlichen Engagements. Gelingt es aber, im Verlauf dieses Suchens junge Menschen zu der Erkenntnis hinzuführen, daß wirkliches Fasziniertsein von Jesus immer schon mehr beinhaltet als »Selbstverwirklichung im Glauben«? Wie kann die Einsicht wachsen, daß (vgl. Joh 12,25) die Lebenswirklichkeit Jesu gerade im Verschenken, im Weggeben seiner selbst bestand?
Um jeder Mißdeutung vorzubeugen: Solche Bindung an die Lebensform Jesu meint im recht verstandenen Sinn nicht Verdrängen meines Selbst, sondern Hineinnahme meiner ganzen Person in die liebende Hingabe Jesu; sie bedeutet kein Auslöschen, sondern ein Ernstgenommensein meines unverwechselbaren Ich beim »Übersetzungsdienst« der schenkenden Haltung Jesu in die heutige Erfahrungswelt hinein. Richtig verstandene »Selbstverwirklichung« (die nichts mit Selbstgenügsamkeit zu tun hat) ist also durchaus in eine authentische Christusbeziehung integrierbar, ja, gerade in der Begegnung mit Jesus kommt Leben zu seiner höchsten Wirklichkeit.
Aber das setzt voraus, daß sich jemand auf die *ganze* Wirklichkeit Jesu hin öffnet, wie sie im Neuen Testament bezeugt wird. Genau hier zeigen sich allerdings häufig Barrieren im Jesusbild junger Menschen – ohne dies als Vorwurf zu verstehen. Es werden beispielsweise die Züge hervorgekehrt, die Jesus – mit Recht! – als den liebenden, verstehenden und verzeihenden Freund der Zöllner und Sünder zeigen. Die untrennbar damit ver-

bundene radikale Forderung zur Umkehr tritt dagegen zurück – und leicht entsteht ein »entschärftes«, halbiertes Jesusbild, das die »bestätigenden« Aspekte hervorhebt und »anstößige« Bereiche ausblendet ...[3] Natürlich könnte man einwenden, jeder solle das vom Evangelium leben, was er davon begriffen (vielleicht besser: er-griffen) hat, und sei es noch so wenig – aber gerade ein solcher Satz ist nur sinnvoll, wenn er mit der Notwendigkeit eines immer intensiveren Hinzulernens im Umgang mit Gott und den Menschen Ernst macht.

Es beeindruckt mich immer wieder, wenn junge Menschen berichten, welche Bedeutung Bibelkreise in Jugendgruppen oder Pfarreien für ihr Interesse am Priesterberuf hatten. Gerade diese Wahrnehmung verpflichtet jedoch zu verstärkten Bemühungen, die Heilige Schrift umfassend als An-spruch und Zu-sage Gottes an die Menschen zu entdecken und ihre Dynamik nicht dadurch zu brechen, daß man aus ihr nur das herausnimmt, was zur Bestätigung des eigenen Lebensentwurfes dient.[4] Hier wird nicht zuletzt im Blick auf die Aussage des Zweiten Vatikanischen Konzils (vgl. PO 4) deutlich, daß die Hinführung zum priesterlichen Dienst wesentlich in der Befähigung zum Verkünden des Wortes Gottes besteht, eine vorrangige Aufgabe für alle Verantwortlichen.[5]

Ähnliches gilt für Gebetskreise. Ich erfahre im Umgang mit jungen Leuten immer wieder, wie diese in beeindrukkender Ehrlichkeit versuchen, ihre Lebenssituation vor Gott ins Wort zu bringen. Wie können wir Wege finden, um deutlich zu machen, daß Beten noch mehr sein kann – in dem Sinn, wie es Kierkegaard formuliert hat: »Beten heißt nicht, sich selbst reden hören. Beten heißt, still werden, still sein und warten, bis der Betende Gott hört«[6]? Das mag ein hoher Anspruch sein – aber man muß das Ziel kennen, um nicht vorschnell auf dem Weg haltzumachen.

Ich bin mir darüber im klaren, daß die Benennung solcher Schwerpunkte, auch wenn sie aus dem Umgang mit jungen Menschen abgeleitet sind, notgedrungen vergröbernd erfolgen mußte – die Lebenswirklichkeit läßt sich nicht einfach »systematisieren«. Aber vielleicht können die entwickelten Gedanken doch eine Art »Richtungsanzeige« sein, wohin unser Bemühen gehen muß. In all dem gilt für mich die Erfahrung, daß man in der Begleitung junger Menschen sich selbst als mitsuchenden Weggefährten erlebt, dessen Selbstverständnis Bischof Paul-Werner Scheele einmal treffend so umschrieben hat: »Wir brauchen Menschen, die sich über Gottes Liebe freuen können und inmitten aller Nöte froh darüber sind, daß sie zum Helfen berufen sind. Wir brauchen Menschen, die erlebt haben, daß dem Helfer selbst mehr Hilfe geschenkt wird, als er zu leisten vermag.«[7]

Anmerkungen

[1] E. Drewermann, Kleriker. Psychogramm eines Ideals, Olten und Freiburg/Br. 1989. 47 ff, 201 ff, 748 u. ö.

[2] K. Lehmann, Neuer Mut zum Kirchesein, Freiburg/Br. 1982.

[3] Vgl. dazu die Beobachtungen von H.-J. Lauter in: Pastoralblatt 38 (1986) 140–142.

[4] Nützlich in diesem Zusammenhang: J. Ernst, Mein Wort brennt wie Feuer. Hilfen für das Lesen des Neuen Testaments, Paderborn 1984, bes. 177–182.

[5] Siehe dazu die hilfreichen Gedanken von H. Geist, Zum Stellenwert der Heiligen Schrift in der Priesterausbildung, in: K. Hillenbrand/M. Kehl (Hrsg.), Du führst mich hinaus ins Weite. Freundesgabe für G. Mühlenbrock, Würzburg 1991, 277–285.

[6] Zitiert nach A. Pereira, Jugend mit Gott, Kevelaer 1971, 170.

[7] P.-W. Scheele, Miteinander helfen. Hirtenwort zum 1. Fastensonntag 1987, in: Würzburger Diözesanblatt 37 (1987), Seelsorgsbeilage 1, 7.

Priesterberufe und unsere Mitsorge

Sorgen um den Priesternachwuchs machen sich viele. Allein die Zahlen stimmen bedenklich: Wurden 1962 in der damaligen Bundesrepublik noch über 500 Diözesanpriester geweiht, waren es 25 Jahre später nur noch 247 – ein Rückgang um mehr als die Hälfte. Die Tendenz ist weiter abnehmend, und die Ursachen dafür sind vielfältig.
Anlaß zur *Sorge* – mehr als genug, aber wie soll die *Mit-Sorge* um geistliche Berufe, konkret um den Priesternachwuchs, aussehen? Manche sagen sogar: Wie kann ich da überhaupt mitsorgen? Es ist doch die Entscheidung jedes einzelnen, was er aus seinem Leben macht – daß es zuwenig Priester gibt, ist zwar bedauerlich, aber was kann ich dagegen tun?
Ist Berufung wirklich Entscheidung jedes einzelnen? Wird da nicht schon im Ansatz der Dienst des Priesters in ein falsches Licht gerückt? Denn was tut der Priester anderes als in seiner ganzen Person den Anspruch und Auftrag Jesu, seinen Einsatz für die Menschen, öffentlich vorzutragen und erfahrbar zu machen? Deshalb kann die Entscheidung zu einem solchen Dienst, der auf viele bezogen ist, schon von ihrer Zielsetzung her nie eine Privatsache sein.[1] Und wie soll eine solche Entscheidung anders fallen als von der Voraussetzung her, daß einer, der Erfahrungen mit Gott an viele Menschen weitergeben will, solche Erfahrungen zuvor mit vielen anderen Menschen gemacht hat?
Ich möchte darum auch nicht von abstrakten Überlegungen, sondern von konkreten Erlebnissen ausgehen, wenn im folgenden einige Gedanken zur Mitsorge um Priesterberufe entwickelt werden. Es sind keine großen Ereignisse, sondern scheinbar zufällige, fast belanglose

Begebenheiten, aber ich wähle sie zum Ausgangspunkt, weil sich von daher zeigen läßt, wie Grundformen solcher Mitsorge aussehen können.

Miteinander beten

Ich denke zunächst daran, wie mir nach einer Informationstagung im Priesterseminar ein Journalist die Frage stellte: »Ist es nicht ein Armutszeugnis für die Kirche, daß sie schon regelrechte Werbekampagnen für geistliche Berufe starten muß? Kann man dadurch den Priesterberuf wieder attraktiv machen?« Wenn das der Eindruck sein sollte, den unser Bemühen um Berufung erweckt, dann stimmt das nachdenklich, dann stimmt etwas nicht. Denn: *machen* läßt sich da überhaupt nichts. Priesterberufe kann ich nicht auf dem Weg der Reklame gewinnen – denn der Einsatz für Jesus, der bis ins Äußerste des Lebens ging, der sich immer auch denen zuwandte, die unbeachtet waren und am Rand lebten, ist alles andere als attraktiv. Und womit könnte ich denn noch Werbung betreiben – etwa mit einer Kirche und mit Christen, die immer wieder an ihre Grenzen stoßen und ihr Versagen erleben, von den Aposteln angefangen bis zu mir und uns allen, deren guter Wille meist zu schwach ist und aufläuft? Mit Werbung ist da wenig drin.

Die Erfahrung eigener Schwäche drängt vielmehr wie von selbst zum *Bitten.* Ich brauche mich als Christ da nicht zu schämen, denn ich kann mich dabei auf Jesus selbst berufen: »Bittet den Herrn, daß er Arbeiter in seine Ernte schickt« (Mt 9, 38). Jesus selbst gibt diesen Auftrag, und es ist interessant, daß sich außer dem Vaterunser nur dieses Gebetsanliegen im Neuen Testament ganz ausdrücklich findet.

Bittet den Herrn – ich spüre geradezu die Frage: Ist das

nicht zu billig, ist das nicht eine Flucht aus der eigenen Verantwortung, indem ich alles auf Gott abwälze? Mache ich es mir da nicht zu einfach? Wird da Beten nicht zum Alibi für das eigene Bemühen, zum Ersatz für den Einsatz?

Wer wirklich betet, erlebt es anders. Für ihn ist die Öffnung auf Gott hin, die da geschieht, keine Flucht aus der *Verantwortung*, sondern der Beginn einer *Antwort*, eines Dialogs, der nie abreißen darf. Wer um Berufungen betet, der erkennt zuallererst einmal an, daß die Initiative von Gott ausgeht, ja ausgehen muß, wenn Berufung wirklich Dienst an Gott und damit für die Menschen sein soll. Wer betet, erkennt an, daß das Leben nur von Gott her gelingt und daß auch der Ruf, für andere das Leben Gottes zum Erlebnis zu machen, nur von ihm kommen kann. Wer betet, der hört auf Gott und hört gerade deshalb nie auf, Menschen zu suchen, weil das Gebet der Ernstfall dessen ist, daß Gott selbst in Jesus unser Leben aufgesucht und jeden von uns dafür ausgesucht hat, bei seiner Initiative mitzumachen. Wer betet, wird hellhörig für Gottes Ruf und kann von dieser Beziehung her dann erst Menschen helfen, selber Berufung zu entdecken.[2]

Denn so wie Jesus Gottes großes Geschenk an die Welt ist, so sind auch die Menschen ein Geschenk, die Gottes Engagement und Einsatz für die Welt neu verdeutlichen, indem sie sich mit allem dafür verfügbar halten. Da läßt sich nichts machen, produzieren und programmieren, da kann ich nur mit-machen, indem ich mich immer neu auf Gottes Initiative ausrichte. Das geschieht eben im Bitten und im Bemühen, durch mein Beten zu Gott anderen Mut zu dieser persönlichen Begegnung zu machen. Dabei entdecken und spüren sie dann vielleicht ihre ganz persönliche Berufung, wie bereichernd es ist, Gottes Nähe erleben und weitergeben zu dürfen.

Deshalb heißt die erste Form der Mitsorge um Berufung: *Miteinander beten!* Denn da kommt Gott zu Wort, da kommt er zur Geltung, da gebe ich ihm Raum für seinen Ruf.

Zueinander reden

Wer betet, kann helfen, Berufung zu wecken, Berufung zu entdecken. Mitunter wird jedoch aus der Suche nach Priesterberufen auch leicht die Versuchung zur Selbsthilfe. Das kann dann eigenartige Züge annehmen.
Ich denke da an eine kleine Pfarrgemeinde, die Angst hatte, keinen Seelsorger mehr zu bekommen. Was taten die findigen Leute? Sie renovierten schnell in Eigenleistung das Pfarrhaus, richteten es mit allen Schikanen modernen Wohnkomforts gemütlich ein und meinten: Da muß doch einer anbeißen und sich bewerben, da muß der Bischof doch einen schicken, wenn's der Pfarrer bei uns so gut hat!
Wir amüsieren uns zu Recht über diese spezielle Lebenslogik. Aber das, was da passiert ist, eignet sich gar nicht so schlecht als ein weiterer Zugang zu dem, was Mitsorge um Priesterberufe bedeutet und wie sie aussehen muß: Haben wir den Mut, immer wieder im übertragenen Sinn unser Haus zu renovieren und herzurichten, damit es wohnlich wird? Sind wir als Christen bereit, unseren *Lebensraum zu erneuern*, etwa durch eine intensivere Atmosphäre des Glaubens oder durch eine Klimaverbesserung im Umgang miteinander, so daß christliche Brüderlichkeit kein leeres Wort bleibt?
Im Klima solcher Häuser, solcher Familien, solcher Hauskirchen, solcher Gemeinden können dann Berufungen wachsen; in diesem Klima können junge Menschen positive Erfahrungen mit dem Glauben machen, Erfahrungen, die dann vielleicht das Interesse daran wekken, ein Leben lang anderen solches Erleben zu vermitteln: etwa das Erleben und die Erfahrung, daß in der Ge-

meinschaft mit Jesus Schuld und Versagen nicht das letzte sind, daß es von Jesus her immer wieder einen Neubeginn gibt; die Erfahrung, daß im Kontakt mit Jesus tatsächlich einer den anderen mit seinen Fehlern und Schwächen annehmen und mittragen kann; die Erfahrung, daß Liebe kein leeres Wort ist. Dazu muß ich aber immer wieder Gott und die Menschen beim Wort nehmen, dazu braucht es mit dem Gebet vor Gott auch das helfende Gespräch unter Menschen.
Sind wir ehrlich: Daran scheitert die »geistliche Hausrenovierung« oft schon im Ansatz, weil Menschen in den Familien aneinander vorbeireden, weil Jugendliche und Eltern sich nichts mehr zu sagen haben oder eine völlig verschiedene Sprache sprechen und jeder sich vom anderen unverstanden fühlt. Diese Erneuerung scheitert auch daran, wenn in unseren Gemeinden oft mehr übereinander als miteinander geredet wird und damit weder der Mensch noch Gott zu Wort kommt.
Sorge um Berufung beginnt daher immer auch bei der Art und Weise, wie wir miteinander – oder besser noch: *zueinander reden.* Denn nur im Dialog bricht etwas auf, da kann der Ruf Gottes in menschliche Sprache übersetzt werden, da kann jeder von uns Übersetzungshelfer sein. Wer mit der Erneuerung Ernst macht, wer sich auf Jesus einläßt, der findet eine gemeinsame Sprache in aller Verschiedenheit der Lebensbezüge.
Freilich, dazu sind Vorurteile abzubauen, dazu muß ich bereit sein, gegen Konflikte und kleinliches Konkurrenz- und Prestigedenken anzugehen. Eben das sind die konkreten Formen, wie sich meine Hausrenovierung, die Erneuerung meines Lebensraumes, immer wieder vollzieht. Vielleicht ist gerade dies *die* entscheidende Art der Mitsorge: im Sprechen vom Glauben einen Raum der Ermutigung zu schaffen, in dem Berufungen für andere zu Wort kommen können. Die Möglichkeiten sind ungezählt!

Ein drittes Erlebnis hat mich noch auf einen weiteren Aspekt gebracht, wie Mitsorge um Priesterberufe aussehen soll. Auf einem Katholikentag geriet ich in eine Gruppe Jugendlicher, die mich zu Beginn einer angeregten Diskussion nach meiner Tätigkeit fragten. Als ich es ihnen sagte, kam es von einem Mädchen – halb scherzhaft, halb im Ernst – zurück: Regens des Priesterseminars – ist das so einer, der den künftigen Geistlichen beibringt, wie man den Gefährdungen des Lebens ausweicht?
Wie man den Gefährdungen des Lebens ausweicht – wie kommt es zu einem solch schiefen Bild vom Priester als dem Mann, der an der Wirklichkeit vorbeigeht? Vielleicht sind wir selbst nicht ganz schuldlos daran. Das Gegenteil müßte doch der Fall sein: Weil Gott selbst in Jesus an unserem Leben und an unseren Problemen nicht vorbeigegangen ist, sondern mitten hineinging in alle Gefährdungen, weil er zeigen wollte, wieviel der Mensch und die Welt ihm bedeuten, deshalb kann sich auch der Christ nicht aus dieser komplizierten Wirklichkeit heraushalten. Deshalb kann sich erst recht auch der Priester nicht heraushalten, denn er soll ja in allem, was er tut und wie er lebt, deutlich machen, daß sich Gott für uns engagiert; er soll zeigen, wie Gott auch heute in den vielfachen Gefährdungen des Lebens da ist und Leben gelingen läßt, indem er in Jesus auf unsere Seite tritt.
Der Priester steht in diesem Dienst der bleibenden Fürsorge Gottes, sonst hätte er keine Existenzberechtigung. Aber er kann sich dafür nur entscheiden, wenn er selbst erlebt, daß das wahr ist, wenn er in seiner Umgebung Menschen hat, die Wahr-zeichen des Glaubens sind und die ihm in ihrer Mitsorge Gottes Fürsorge zum Erlebnis machen. Mit anderen Worten: So, wie die Gemeinde den Priester braucht, braucht der Priester die Gemeinde.

Echte Gemeinde ist aber nur da, wo man sich nicht selbstgenügsam abkapselt und den Glauben als eine Art privater Lebensversicherung bei Gott ansieht. So läßt sich die dritte Art unserer Mitsorge so ausdrücken: *Füreinander leben!* Ernst damit machen, daß keiner für sich allein glaubt; Ernst damit machen, daß mir Jesus begegnet in meinem Nächsten, den ich mir nicht aussuchen kann; Ernst damit machen, daß der andere für Gott so viel wert ist wie ich. Nur aus diesem Miteinander heraus kann priesterliches Helfen und Sorgen als ständiges Zeugnis der Für-Sorge Gottes wachsen. Dann kann der Priester bei allem, was er tut – bei der Feier der Eucharistie, im Mühen um die Verkündigung, im Dienst der Begegnung und Versöhnung – kurz, bei all dem, was Gemeinde aufbaut, immer wieder erfahrbar machen, daß Gott in Jesus Christus auch hier und heute unser Leben teilt und durch seinen Geist dieses Leben mit-teilt, wodurch dann immer wieder so etwas wie »Be-geisterung am Glauben« wächst.
Miteinander beten – zueinander reden – füreinander leben: Diese drei Formen der Mitsorge durchdringen und bedingen sich gegenseitig. Sie gelten für unser Christsein überhaupt, aber sie sind genauso Kriterien für das Wachsen von priesterlichen Berufungen. Es sind Maßstäbe, die mich in den Bezug zu Gott verweisen, die aber genauso deutlich machen, wie ernst Gott *uns* nimmt, indem er sein Wirken an menschliche Vermittlungsformen bindet.
Die römische Bischofssynode, die sich im Herbst 1990 mit den Fragen zur »Priesterbildung unter den gegenwärtigen Verhältnissen« befaßte, hat einmal mehr unterstrichen, wie sehr eine zeitgemäße Berufungspastoral Anliegen der ganzen Kirche sein muß. Eines war dabei stets deutlich: Berufungen lassen sich nie »produzieren«, selbst wenn das Umfeld noch so günstig wäre – man kann sie aber entdecken und fördern. Eben dabei sind wir alle gefordert.[3]

Anmerkungen

[1] Vgl. dazu G. Greshake, Wie ist Gottes Ruf erkennbar?, in: Ders. (Hrsg.), Ruf Gottes – Antwort des Menschen, Würzburg 1991, 97–125.

[2] Zum weiteren Kontext: H. Schaller, Das Bittgebet. Eine theologische Skizze, Einsiedeln 1979, bes. 48 ff.

[3] K. Hillenbrand, Weltweite Weggemeinschaft. Impulse der Bischofssynode 1990 für die Berufungspastoral, in: Zur Pastoral der geistlichen Berufe 29 (1991), 60–62.

Zur Aufgabe des Priesterseminars heute

Die Bischofssynode hat im Herbst 1990 den Stellenwert des Seminars für das Hineinwachsen in den priesterlichen Dienst neu bekräftigt. Das mag als etwas Selbstverständliches erscheinen – bei näherem Hinsehen zeigt sich jedoch, daß diese Ausbildungsform seit ihrer Einrichtung auf dem Konzil von Trient im 16. Jahrhundert immer wieder Infragestellungen erfuhr und auch Wandlungen mitmachte.[1] Waren es in der Vergangenheit häufig äußere Bedrohungen, die den Bestand einzelner Seminarien – etwa unter widrigen politischen bzw. gesellschaftlichen Verhältnissen – in Frage stellten, kommen in jüngerer Zeit Anfragen aus dem Inneren der Kirche selbst: Die Ausbildungsform des Priesterseminars werde trotz aller Veränderungen, die sie im Zug der Zeit mitgemacht habe, der Individualität von Berufungen nicht gerecht und verhindere zeitgemäßen Weltkontakt – diese Vorwürfe sind am häufigsten zu hören.
Hilfreicher als vorschnelle Festlegungen ist jedoch gerade in dieser Frage das Bemühen, einige Grundlinien in den Blick zu nehmen, von denen ein Hineinwachsen in den Priesterberuf unter gegenwärtigen Bedingungen geprägt sein muß. Nur von daher läßt sich dann vorurteilsfrei etwas über den Stellenwert eines Priesterseminars heute sagen.[2]

Lebenslanges Reifen

Wenn es um Grundakzente der Berufung zum priesterlichen Dienst geht, ist zunächst ein Irrtum zu vermeiden, auf den man immer wieder stoßen kann. Wenn z. B. bei Informationsveranstaltungen unseres Seminars die Rede auf die Dauer der Priesterausbildung kommt – im »Nor-

malfall« sind es sechseinhalb Jahre –, dann ist oft als spontane Reaktion zu hören: »Was – so lange? Warum werden die denn nicht früher fertig?«
Nun, genaugenommen ist man mit der Priesterausbildung niemals »fertig« – auch ein Kaplan, ein Pfarrer, ein Regens lernt immer noch dazu, weil er ein Leben lang neue Erfahrungen mit Gott und den Menschen macht. Man kann aber ruhig so fragen: Welche *Grundlagen* müssen in den Jahren der Ausbildung entwickelt werden, damit einigermaßen hinreichende Voraussetzungen für den priesterlichen Dienst an den Menschen, in den Gemeinden gegeben sind?
Dabei ist die Vorstellung zu vermeiden, als ob es in der Priesterausbildung zuginge wie etwa bei der Automobilherstellung: Da wird das Fließband auf ein bestimmtes Tempo eingestellt, es wird jeweils ein neues Teil nach genau ausgerechnetem Plan dazumontiert, dann »steht« irgendwann das Endprodukt. So geht es nicht – ein Seminar ist keine »Pfarrerfabrik« und kann nicht im entferntesten den Anspruch erheben, gleichsam »technisch perfekte« Priester heranzubilden. Es kommt vielmehr auf etwas ganz anderes an: Wichtig ist in der Ausbildung zum Priester zunächst die *Bereitschaft zu einem immer intensiveren Hineinwachsen in den Glauben und seine verschiedensten Ausdrucksformen.* Das setzt ein Suchen, Einüben, ja ein Ringen voraus, das oft genug an die eigenen Grenzen kommt und helfende Begleitung erfordert.
Und genau hier stoßen wir auf ein erstes Anliegen, von dem das Trienter Konzil im 16. Jahrhundert bewegt war, als es die Priesterausbildung reformierte.[3] So sehr sich diese auch mit innerer Notwendigkeit jeweils neu auf gewandelte Zeitverhältnisse einzustellen hat, bleibt doch die damals formulierte Grundeinsicht gültig: Priester wird man nicht im Alleingang; Glaubenshelfer für andere kann einer nur werden, wenn er zuerst Hilfe anzunehmen bereit ist. Das gilt für das Hineinwachsen ins

Christsein überhaupt; erst recht braucht aber die intensive »Lernphase« der Priesterausbildung einen Rahmen, in dem sich unverwechselbare Individualität auf die Gemeinschaft Gleichgesinnter hin öffnet. Anders gesagt: So sehr man von einem späteren Priester Eigenschaften wie Eigeninitiative, Selbständigkeit und vieles andere mehr erwartet, darf er doch niemals ein bloßer »Einzelkämpfer« sein, der alles selber macht und besser können will. So wie *Christsein* nur in Gemeinschaft geht, ist auch *Priestersein* nur im *Mitgetragensein* möglich.
Dieses *»Miteinander glauben« als Grundvoraussetzung* wird auf allen Ebenen der Ausbildung je anders deutlich: in der Seminargemeinschaft, wo junge Menschen zusammen Berufung zu entdecken, zu leben und zu vertiefen versuchen; durch die Praktikumszeiten in Pfarreien, Sozialeinrichtungen und Industriebetrieben, die Begegnungen mit verschiedensten Menschen ermöglichen; in persönlichen Kontakten schließlich, die ein Stück unverzichtbarer Glaubensgeschichte sind – und ebenso im theologischen Studium, das mit seinen unterschiedlichsten Fächern für eine verantwortete Weitergabe des Glaubens in die Zukunft hinein sorgen soll. Überall geht es letztlich darum, daß der künftige Priester Jesus Christus immer besser als den kennenlernt, der Gemeinschaft in ihren verschiedensten Formen ermöglicht.

Integration von Spiritualität und Studium

Gemeinschaft gelingt aber nur dann, wenn immer wieder ein Mühen um die Verbindung verschiedener Lebensbereiche spürbar ist. Das läßt sich in der Priesterausbildung an einem Desiderat sichtbar machen, das zunehmend wichtiger wird: die Integration von Theologiestudium und persönlicher Glaubenshaltung. Ein Nebeneinander oder gar Gegeneinander von akademischer

Ausbildung und spirituellem Bemühen wäre höchst gefährlich.[4] Ein Wort von Walter Kasper hat mich in dieser Hinsicht einmal mehr nachdenklich gemacht: »In dem Maße, in dem der Glaube seine gesellschaftlichen Stützen verliert, bedarf es des persönlichen Zeugen, der Akt und Inhalt des kirchlichen Glaubens in einer unverwechselbar persönlichen Weise verkörpert und exemplarisch verwirklicht. Wir brauchen Priester, für die pastorale Einstellung nicht ein Weniger, sondern ein Mehr an theologischer Bemühung fordert.«[5]
Auf die Priesterausbildung bezogen, muß man freilich zugeben, daß eine zunehmende Ausdifferenzierung auch in der Theologie die vom Zweiten Vatikanischen Konzil geforderte spirituell-pastorale Integration des Studiums (vgl. Dekret über die Ausbildung der Priester 13) nicht einfacher macht. Hinzu kommt die Beobachtung, daß sich viele Seminaristen mit gleichzeitig auftretenden Belastungen und Ansprüchen schwertun: Der Versuch, Studienprogramm, persönliche theologische Lektüre, Praktikumseinsätze, Engagement innerhalb und außerhalb des Seminars und vieles mehr in den ständig neu zu vollziehenden *Gesamtentwurf eines Lebens aus dem Glauben* einzubringen, ist bestimmt nicht leicht. Er lohnt sich aber dennoch.
Es kommt darüber hinaus ganz entscheidend darauf an, ob die beim Priester von vielen erwartete theologische Kompetenz, von der seine Verkündigungstätigkeit ja immer *auch* geprägt sein muß, vom persönlichen Glauben getragen und durchdrungen ist oder ob da einer bloß theologische Versatzstücke weitergibt, die nicht innerlich angeeignet wurden. (Das erstreckt sich unter Umständen bis hin zum bloß reproduzierenden Übernehmen von Predigtvorlagen, falls man – und sei es aus Zeitmangel – bei der Vorbereitung die theologisch/spirituelle Umsetzungsarbeit scheut.) Das bedeutet, auf das Seminar bezogen, nicht etwa die Heranbildung von lauter

priesterlichen Fachtheologen als heimliches Ideal; es geht vielmehr ganz grundlegend um die Entwicklung der Fähigkeit, über das rein persönliche Betroffensein hinaus Fragen und Antworten des Glaubens in größere Zusammenhänge einzubringen. Walter Kasper ist auch in dieser Hinsicht sehr ernst zu nehmen, wenn er sagt: »Gerade eine prozentual kleiner werdende Kirche wird ihren universalen Anspruch, ohne zur Sekte zu werden, nur so aufrechterhalten, daß sie argumentativ für den Glauben einsteht und wirbt.«[6]

Hineinwachsen in den Dienst an der Einheit

Doch welchen Stellenwert hat nun in all dem die Ausbildungsform des Priesterseminars, die manchmal vorschnell als überholt abgetan worden ist? Man hat sie verdächtigt, eine »heile Welt« hinter abgeschlossenen Seminarmauern bauen zu wollen. Gerade wenn man das Anliegen der Verknüpfung einzelner Lebensbereiche ernst nimmt, wird man sich vor Überschätzung wie Unterbewertung gleichermaßen hüten müssen: Priesterausbildung ist ein umfassender Vorgang, der nicht auf die Zeit bzw. das Leben im Seminar einzuschränken (und auch nicht mit der Weihe abgeschlossen!) ist. Persönliche Lebensgestaltung, verschiedenste Erfahrungen in Kirche und Gesellschaft, inhaltliche Ausbildungselemente, biographische Vorprägungen, unterschiedlichste Kontakte und Verbindungen bilden dabei so etwas wie eine »vernetzte Vielfalt« entscheidungsprägender Faktoren, die weit über den Rahmen des Seminars hinausreicht. Aber ein Priesterseminar kann die Ebene sein, auf der in verschiedensten Formen helfend-konfrontierender Wegbegleitung versucht wird, die einzelnen Elemente zu überprüfen und auf einen Reifungsprozeß und eine Lebensentscheidung aus dem Glauben heraus hinzuordnen.

Wer die Realität kennt, weiß z. B., daß gerade einer, der sich mit dem Gedanken an den Priesterberuf trägt und diese Überlegung oft durch Unverständnis und Widerstände hindurch entwickelt hat, intensiv die eigenen Fragen, Unsicherheiten und auch die Probleme seiner Umgebung mitbringt und austrägt. Priesterausbildung kann allein von daher, wenn sie »gelingen« soll, nie Mittel zur Verdrängung, sondern stets nur Hilfe zur gläubigen Bewältigung von Lebensfragen sein.
Aber das Wichtige dabei ist, daß einer, der Priester werden will, diese Fragen eben nicht im Alleingang angeht, sondern in einer *»Lebensgemeinschaft auf Zeit«* mit denen, die auf dem gleichen Weg sind. Bei manchem dauert es länger, bis sich herausstellt, ob dieser Weg der richtige für *ihn* ist – aber wenn dabei Maßstäbe für wirkliches Christsein entdeckt und entwickelt werden, war die zurückgelegte Strecke selbst dann, wenn eine andere Richtung eingeschlagen wird, keinesfalls ein »Umweg«.
Eine solche Weggemeinschaft, wie sie für die Priesterausbildung wichtig ist, gelingt aber nicht automatisch. Christen und Priester unterscheiden sich von anderen Menschen ja nicht von vornherein durch ein konfliktfreies Leben, sondern allenfalls dadurch, wie sie wieder aufeinander zugehen und *Bereitschaft zu Umkehr und Versöhnung* zeigen. Das gilt um so mehr für das Hineinwachsen in den Priesterberuf, der ja oft auch als *»Dienst der Versöhnung«* oder *»Hilfe zur Einheit«* umschrieben wird. Diese Einheit ist gerade in den konkreten Gemeinden, in denen Christsein gelebt wird, keine oberflächliche Harmonie, sondern erfordert immer wieder von neuem das Aushalten und Überbrücken von Spannungen. Im Blick darauf kann die »Lebensform Priesterseminar« für den späteren Dienst ein wichtiges *Lernfeld* sein.[7]
Ich denke in diesem Zusammenhang an einen Regens, der vorher Pfarrer war und nach einem Jahr in seiner neuen Tätigkeit ganz erstaunt bemerkte: »Ich bin eigent-

lich im Seminar keinem einzigen Problem begegnet, das nicht auch in der Gemeinde aufgetaucht ist ...«

In der Tat, die Gemeinschaft im Priesterseminar nötigt beispielsweise gerade im Blick auf die spätere Praxis in den Gemeinden dazu,

- einzuüben, wie man mit anderen und oft sehr unterschiedlichen Menschen, die ich mir nicht aussuchen kann und die doch das gleiche Grundanliegen haben, zusammenleben und -arbeiten kann;
- Einfühlungsvermögen füreinander zu lernen: was dem anderen guttut, was ihn belastet; zu lernen, sich selber mit seinen Stärken und Schwächen einzuordnen und angenommen zu wissen;
- Versöhnungsbereitschaft zu lernen: man wird Konfrontationen erleben; mancher reibt sich am anderen und steht vor der Frage, wie es weitergehen soll ...
- Verantwortung einzuüben durch Rücksichtnahme und Hilfsbereitschaft; Antworten zu finden im Umgang mit anderen Meinungen und Anschauungen.

Genau das und noch viel mehr ist später auch in der Pfarrei gefordert, wo der Priester eine ganze »Bandbreite« von Christen antrifft, für die sich sein Dienst an der Einheit oft genug unter Spannungen, unter eigenen und fremden Unzulänglichkeiten vollzieht.

Es geht also in der Ausbildungsform des Priesterseminars mitnichten um eine »heile Welt«, sondern um die Einübung von Haltungen, die für die vielen Verwundungen, unter denen Welt und Menschen heute leiden, heilsam sind. Deshalb ist es eine notwendige und zeitgemäße Fortführung des tridentinischen Grundanliegens, wenn das Zweite Vatikanische Konzil in seinem Dekret über die Priesterausbildung betont, der Lebensstil des Seminars solle so gestaltet sein, daß er schon eine Einführung in das spätere Leben des Priesters darstellt (Dekret über die Ausbildung der Priester 8).

Das alles kann sicher deutlich machen, daß das Hinfinden zum Priesterberuf unter sehr »alltäglichen« Bedingungen geschieht – aber das Eigentliche ist mit solchen Erfahrungsmöglichkeiten, so wertvoll sie in sich auch sein mögen, noch nicht benannt. Das an sich richtige Argument, etwas sei in der Priesterausbildung wichtig, »weil es später ja auch vorkommt«, degeneriert leicht zur »vorletzten Begründung«, wenn es beim rein Pragmatischen haltmacht. Bei der Einübung konkreter Lebensvollzüge in einem Seminar geht es um mehr als bloßes »Praxistraining«. Denn Versöhnung untereinander ist nur sinnvoll, Umkehr und erneutes Zugehen aufeinander kann nur deshalb versucht werden, weil es dabei um *mehr* als bloß menschliches Bemühen geht. Anders gesagt, vielleicht etwas »theologischer«: Die *Überzeugung,* daß der priesterliche Dienst an der Einheit, an der Versöhnung, wichtig und sinnvoll ist, stimmt nur dann, wenn ich wirklich *Zeuge* Jesu Christi bin! Davon lebt der Einsatz des Priesters – daß er bei all dem, was er ist und tut, was Gemeinschaft aufbaut und zusammenhält, immer von neuem erfahrbar macht, *daß Jesus hier und heute in der Welt »da« ist.* Wenn man dabei bloß auf den Priester als Menschen schaut, wäre das eine Überforderung. Wenn man aber auf das, besser: auf *den* sieht, der diesen Dienst erst möglich macht, dann liegt darin etwas unerhört Befreiendes: *Jesus sucht sich Menschen, um dazusein ...*

Am dichtesten wird dies in der *Feier der Eucharistie,* wo jedesmal neu im gewandelten Brot, das gebrochen und verteilt wird, buchstäblich »greifbar« ist, wie Gott in Jesus Christus für diese Welt aufs Ganze geht und sich ihr mitteilen, sein Leben mit ihr teilen will. *Deshalb hat die Eucharistie im Leben des Priesters und auch in der Priesterausbildung ihren zentralen Platz:* Alles, was der

Dienst des Priesters an einzelnen Elementen kennt und enthält, ist nur *»Übersetzung«* dieses Geschehens, daß Jesus selbst da ist, daß er sein Leben mit-teilt, mit uns teilt, indem er tödliche Situationen überwindet. All das ist Über-setzung in immer neue Gegenwart hinein, eben nicht an der Welt vorbei, sondern im gläubigen Umgang *mit* ihr! In der Eucharistie zeigt sich jedesmal neu, wenn es um Leben, Tod und Auferstehung Jesu geht, welche *»Bewährungsprobe«* Gottes Liebe zu den Menschen besteht – und nur aus solchem Erleben heraus kann der Priester dann für die Menschen so etwas wie *»Bewährungshelfer im Glauben«* sein, wenn er Gottes helfende Kraft in der eigenen Schwachheit erfahren hat (vgl. 2 Kor 12,9).

Wenn priesterliches Leben nicht immer in Gebet und Eucharistie seine Mitte findet – getragen vom Hören auf das Wort der Schrift –, wird es zum Leerlauf. Wenn Priesterausbildung nicht in ihrem Kern »eucharistisch« geprägt ist, mag sie im einzelnen noch so gut »organisiert« sein, dann gerät sie zum oberflächlichen Aktionismus, dann verkommt ein Seminar zum Theologenhotel. All das schließt nicht aus, daß mancher erst seinen Weg zu dieser Mitte finden muß – es braucht auch da hilfreiche und behutsame Vermittlerdienste –, aber es kann nicht darum gehen, wie Bischof Franz Kamphaus, selbst lange Jahre in der Priestererziehung tätig, in einem Brief an die Gemeinde seines Bistums schreibt, »den Anspruch zu senken«, denn: »Uns rettet kein Priestertum zu herabgesetzten Preisen!«.[8]

Darin steckt allerdings auch eine beständige Anfrage an die Verantwortlichen in der Priesterausbildung. Ludwig Bertsch hat sie aus langjähriger Erfahrung heraus so formuliert: »Überzeugungen kann man nur wecken, wenn man sie selber hat. Die entscheidende Frage im Hinblick auf die Ausbildung des Priesternachwuchses ist die an die Ausbilder: Glaubt ihr an die Sache, die ihr vertretet –

seid ihr selbst von ihrer sieghaften Kraft überzeugt, die sich immer wieder neu an denen erweist, die wirklich glauben und hoffen?«[9]

Anmerkungen

[1] Vgl. dazu K. Mühlek, Wandel der Seminarerziehung, in: Theologisch-praktische Quartalschrift 136 (1988), 38–45.

[2] Zum erweiterten Kontext (v.a. bzgl. der Auseinandersetzung mit der Priesterkritik E. Drewermanns) vgl. K. Hillenbrand, Dienst an der Lebenswirklichkeit. Grundlinien heutiger Priesterausbildung, in: Ders. (Hrsg.), Priester heute. Anfragen – Aufgaben – Anregungen, Würzburg 1991², 177–205.

[3] Nähere Hinweise finden sich bei K. Ganzer, Das Trienter Konzil und die Einrichtung von Priesterseminarien, in: K. Hillenbrand/R. Weigand (Hrsg.), Mit der Kirche auf dem Weg. 400 Jahre Priesterseminar Würzburg, Würzburg 1989, 11–23.

[4] Hilfreiche Überlegungen zum Verhältnis von Theologie und Spiritualität finden sich bei A. Rotzetter, Leidenschaft für Gottes Welt. Aspekte einer zeitgemäßen Spiritualität, Zürich 1988, 23–38.

[5] W. Kasper, Glaube – ein Geschenk zum Weitergeben, Ostfildern b. Stuttgart 1984, 44.

[6] Ebd. 47. In Ergänzung dazu vgl. auch W. Kasper, Bewahren oder Verändern?, in: U. Struppe/J. Weismayer (Hrsg.), Öffnung zum Heute. Die Kirche nach dem Konzil, Innsbruck-Wien 1991, 109–132, bes. 121 ff.

[7] Vgl. dazu auch die Gedanken von M. Hofmann, Leben in Gemeinschaft, in: Kontakt 46 (1985) 3 f.

[8] F. Kamphaus, Als Priester in der Gemeinde Jesu Christi. Brief des Bischofs von Limburg zur österlichen Bußzeit, Limburg 1986, 5.

[9] L. Bertsch, Profil des Priesters heute, in: Pastoralblatt 33 (1981), 293–300, hier: 300.

II. Perspektiven

Diakonia als »lebenslanges Zwischenspiel«

Nach der geltenden Ausbildungsordnung werden unsere Diakone schon nach relativ knapper Zeit (in der Regel ist es ein gutes halbes Jahr) zu Priestern geweiht. Von daher werde ich häufig gefragt, warum so viel Aufhebens um eine so kurze »Zwischenphase« gemacht wird.
Diakonsein ist aber mehr als ein bloßes Intermezzo vor der Priesterweihe. Ja, es geht dabei um eine *»Zwischenphase«* – aber in einem ganz anderen Sinn, als wie das Wort gemeinhin gebraucht wird. Denn was tut der Diakon anderes, als den dienenden *Grundbezug zwischen Jesus Christus und den Menschen* ein Leben lang zu verdeutlichen – in seinem ganzen Dasein! Die Weihe zum Diakon gibt die bleibende Fähigkeit, den Bruderdienst Jesu an den Menschen zeichenhaft und öffentlich erfahrbar darzustellen. Weil dieser Dienst kein anonymer Service ist, braucht es dazu konkrete Menschen. Weil dieser Dienst zum unaufgebbaren Grundbestand kirchlichen Handelns gehört, ist er nie beliebig; er ist vielmehr ein Erkennungsmerkmal, ein »Wahrzeichen« der Kirche, ohne das sie ihr Gesicht verlieren würde, ohne das sie nicht mehr Kirche Jesu Christi wäre.
Das Diakonsein, die lebenslange Bereitschaft zum Dienst an den Menschen um Christi willen, will gewissermaßen auch den »Bodenkontakt« im Leitungsamt des Bischofs und – in Verbindung mit ihm – dem des Priesters sichern. Diakon ist man auch als Priester und

Bischof ein Leben lang.[1] In einer Schulklasse erhielt ich vor Jahren auf die Frage, was denn der Diakon sei, die Antwort: »So eine Art Bewährungshelfer ...« Das ist gar nicht falsch: Dieser Dienst leistet nämlich *Bewährungshilfe des Glaubens* mit dem Ziel, daß die Wahrheit des Glaubens menschlich »ankommt«, die Wahrheit, daß sich Gott selbst in Jesus für die Menschen bis zum letzten einsetzt, daß gerade im Dienst an der Welt die Beziehung zwischen Gott und den Menschen ihre Bewährungsprobe besteht.
Dieser Dienst an der »Zwischenbeziehung« des Glaubens, der im Diakon sichtbar wird, ist aber nur von einer doppelten Ausrichtung her lebbar: von der *Offenheit für die Gegenwart Jesu* und der *Offenheit für die Menschen* her. Man kann also nicht einzelne Tätigkeiten des Diakons gegeneinander ausspielen, indem man ihn entweder auf seine liturgische Aufgabe (Gottesdienst) hin festlegt oder ihn in innerweltlichen Sozialbezügen (Einsatz für die Menschen) aufgehen läßt. Das eine ist ohne das andere nicht zu haben – die Diakonia Jesu bezieht sich immer auf Menschen und hält gleichzeitig die Erfahrung Gottes offen. Ich möchte dies an vier Kennzeichen aus dem Leben des Diakons verdeutlichen, die im liturgischen Bereich ansetzen und sich im menschlichen Zusammenleben auswirken.[2] Denn in der »Rolle« des Diakons beim Gottesdienst stecken sehr entscheidende Hinweise darauf, worum es im Christsein überhaupt geht – Liturgie hat mit Leben zu tun!

Begleitung des Zelebranten

Rein äußerlich hat man den Eindruck, daß der Diakon nur »mitläuft«, indem er an verschiedenen Stellen der Eucharistiefeier den Zelebranten begleitet. Die Initiative liegt nicht bei ihm. Gerade darin aber zeigt sich ein Doppeltes, was jeden Dienst in der Kirche und was Christsein überhaupt ausmacht: Zunächst liegt darin eine Anfrage, ob ich mich zurücknehmen kann oder ob ich der Meinung bin, eine Initiative gilt nur dann etwas, wenn sie von mir ausgeht. Dann aber liegt im liturgischen Auftreten des Diakons für den jeweiligen Zelebranten ganz speziell eine wichtige persönliche Erinnerung: Er führt nämlich dem Bischof oder dem Priester, dem er »mit-gegeben« ist, vor Augen, daß es im Glauben nicht allein auf das Wort, sondern sogar fast mehr noch auf das stille Begleiten als Grundhaltung ankommt. Denn Seelsorge und ganz speziell Verkündigung ist immer mehr als das, was zur Sprache gebracht werden kann: Sie lebt zunächst von der grundlegenden Bereitschaft zur helfenden Begleitung von Menschen, einer Bereitschaft, die auch fähig ist, sich selber zurückzunehmen.

Der Diakon in seiner »eingeschränkten« liturgischen Bedeutung ist sozusagen »in Person« ein Hinweis auf diesen größeren Zusammenhang, in den sich kirchliches Handeln einbringt. In diesem Sich-zurücknehmen-Können hat freilich keine gespielte Bescheidenheit Platz – es geht um ein Zurücktreten, das anderen Raum im Glauben gibt. Eine solche Haltung lebt, wie es Bischof Klaus Hemmerle einmal formuliert hat, von der Einsicht: »Ich bin, daß du sein kannst«.[3] Daran muß sich konkrete Diakonie messen lassen; da zeigt sich, ob Liturgie Leben erhellt oder verstellt.

Bereitung des Altars

Was mit dieser Grundhaltung sich selbst zurücknehmenden Dienens näherhin gemeint ist, zeigt sich in einer weiteren liturgischen Anweisung, in der es heißt, daß der Diakon den Altar für die Gaben bereitet. Wenn er das getan hat, tritt er wieder zurück und macht Platz

für einen anderen. Rein äußerlich betrachtet übernimmt er nach diesem »Zwischenspiel« wieder eine Statistenrolle.
Aber auch hier geht es um viel mehr. Es geht zunächst um die Anfrage, ob ich in meinem Dienst das richtige Gespür habe, dazusein, wenn man mich braucht, und dann wieder zurücktreten kann. Auch diese Anfrage wird durch die Person des Diakons an uns alle gestellt – und es kann unter Umständen sehr schmerzhaft sein, gewissermaßen die Vorarbeit zu leisten und dann zugunsten von anderen zurücktreten zu sollen. (Manche Spannungen unter Christen und speziell auch im Klerus haben hier ihre Wurzeln ...) Aber der Dienst des Diakons zeigt darüber hinaus, daß solches Zurücktreten nicht einfach ein bloßer Verzicht ist, sondern daß es dabei wieder um ein Raumgeben für das Eigentliche geht: Sein Zurücktreten nach der Gabenbereitung soll deutlich machen, daß wir zwar alles menschlich Notwendige und Mögliche – symbolisiert in den Elementen von Brot und Wein – verfügbar halten und bereitstellen müssen, daß dann aber etwas anderes geschehen muß: Wir treten zurück, weil die Initiative bei *Jesus* liegt, der aus diesen Gaben das Entscheidende macht, indem er sie verwandelt und sich selbst in ihnen verschenkt.
Der Diakon kommt erst dann wieder dazu, wenn dieses Entscheidende geschehen ist, indem er das gewandelte Brot mit austeilt und sich so sichtbar in den Dienst der Lebensmitteilung Jesu stellt. Er kann dabei nur weitergeben, was er empfangen und nicht selbst »gemacht« hat, wofür er allenfalls Vorarbeit leisten konnte. Aber gerade diese Vorarbeit ist wichtig, denn im Tun des Diakons zeigt sich wieder stellvertretend für alle Christen, wie es zwar im Entscheidenden allein auf Jesus ankommt, aber daß Jesus bei diesem Ankommen Helfer haben will. Auch in diesem liturgischen Aspekt der Aufgabe des Diakons liegt nicht zuletzt wieder für den Bischof und die

Priester eine gefährliche Erinnerung: Sie richtet sich gegen die Versuchung zu glauben, *wir* brächten das Entscheidende fertig – das Zurücktreten des Diakons signalisiert uns Amtsträgern, daß wir *Jesus* Raum geben müssen, damit *er* zur Geltung kommt und nicht wir selbst.

Evangelium – Friedensgruß – Entlassungsruf

An drei Stellen der Eucharistiefeier kommt der Diakon dann doch zu Wort: beim Evangelium, beim Aufruf zum Friedensgruß und beim Entlassungswort. Daß dem Diakon das Vortragen des *Evangeliums* vorbehalten ist, sehe ich zunächst wieder als einen wichtigen Hinweis für das Christsein ganz allgemein an: Glaubensverkündigung kann nur in Rückbindung an die Haltung des Dienens erfolgen. Aber auch für den Vorsteherdienst des Bischofs oder Priesters liegt in dem Umstand, daß der Diakon der eigentliche Verkünder des Evangeliums ist, etwas sehr Entscheidendes: Gerade Bischof und Priester müssen selbst auf Gottes Wort hinhören, bevor sie es auslegen, in *ihr* Wort bringen.

Was den *Friedensgruß* betrifft: Gerade seine Verknüpfung mit der Person des Diakons, der in der ganzen Liturgie, wie schon deutlich wurde, eine »relative« Rolle spielt, macht noch einmal deutlich, daß Friede nur möglich wird, wenn die Bereitschaft zum Dienen, zum Zurücktreten, eben zum Sich-Relativieren da ist. Eben von daher ist es gut, daß der Diakon dann beim *Entlassungsruf* »Gehet hin in Frieden« doch das letzte Wort hat: Denn gerade er macht in seiner Person und Aufgabe deutlich, daß der Friedensdienst Jesu, der aus der Liturgie mit hinausgenommen und ins gewöhnliche Leben hinein umgesetzt werden muß, kein anonymer kirchlicher Service, sondern immer persönliches Zeugnis ist.

Mit der Diakonenweihe beginnt auch die Verpflichtung zum *Stundengebet.* Gerade diese Gebetsform gehört – was oft übersehen wird – zum liturgischen, auf die ganze Kirche bezogenen Tun (die lateinische Bezeichnung »Liturgia Horarum« ist da glücklicher gewählt).[4] Wer das Stundengebet als »Pflichtpensum« sieht, das vielleicht gar vom Einsatz für die Menschen abhält, verfehlt seine innerste Ausrichtung: Es braucht nämlich bei diesem Beten – das mag seltsam klingen – als allererste Voraussetzung gerade eine *Sensibilität für die Welt und den Mitmenschen.* Darauf verweist schon der Umstand, daß den Hauptinhalt dieser Gebetsform die *Psalmen* ausmachen. In ihnen sind eigentlich alle menschlichen Grundstimmungen enthalten: Freude, Klage, Jubel, Schmerz, Verzweiflung ...[5] Wer das Stundengebet ernst nimmt, muß beim Vollzug zunächst einmal danach Ausschau halten, wo es solche Stimmungen in der eigenen Umgebung gibt, wo Menschen sind, die er stellvertretend in dieses Gebet mit hineinnimmt. Wer das Stundengebet richtig vollzieht, der macht nicht seine eigene Verfassung zum Maßstab (bin ich jetzt dazu »in Stimmung« oder nicht?), sondern greift Grundsituationen und Empfindungen der Mitmenschen auf und trägt sie im Gebet der Kirche vor Gott. Daß gerade mit dem Diakonsein die Verpflichtung zum Stundengebet beginnt, will nichts anderes als eine unaufgebbare Grundstruktur dieses »Zwischendienstes« deutlich machen: Auf Gott schauen kann ich nur, wenn ich die Augen für die Menschen offen halte.
Dieses Hineinnehmen der verschiedensten Menschen, ja der ganzen Welt in den Bezug zu Gott (die Fürbitten im Stundengebet machen es ganz ausdrücklich) ist deswegen keine Illusion, weil *Jesus selbst* beteiligt ist. Von ihm wissen wir, daß er selber die Psalmen als Gebete Israels gesprochen hat, daß er sich damit auch die darin ange-

sprochenen menschlichen Lebenslagen zu eigen machte und sie in seinen Bezug zum Vater hineinnahm. Im Wissen darum, daß Jesus die so ins Wort gebrachten Situationen kennt und annimmt, liegt die andere Öffnung dieses »Zwischendienstes« – und darauf in eigener Person den »Durchblick« zu ermöglichen, darin liegt der Grundzug dieses Dienens, in dem Gottes Fürsorge deutlich wird und menschliches Fragen und Suchen sich umgekehrt auf Gott hin öffnet.

Dienen in Vollmacht

Vielleicht konnte deutlich werden, welcher »geistliche Zündstoff« in den liturgischen »Regieanweisungen« für den Diakon steckt. Aber einigermaßen stimmig werden diese Vollzüge erst dann, wenn sie – beim Diakon genauso wie in anderen Ämtern der Kirche – vom Leben gedeckt sind. Genau da beginnt jedoch das Problem. Ich habe immer ein seltsames Gefühl, wenn vor einer Weihe im Priesterseminar Glückwünsche mit einer recht eigenartigen Wortverbindung eintreffen – auf dem Umschlag steht nämlich meistens: »Herrn Diakon ...« Herr und Diener zugleich? Gewiß, man kann einwenden, daß die Konvention diese Anrede mit sich bringt, aber darin steckt nochmals eine bleibende Spannung.[6]
Es wird in der Welt und in der Kirche sehr viel vom Dienen gesprochen – auch ich schreibe jetzt darüber. Aber *Dienen* – das ist zunächst einmal ein schönes *Wort*. Aber nicht das Wort macht es, sondern die *Wirklichkeit* wahren Dienstes. Und gerade dafür haben, soweit ich das sehen kann und erfahren habe, unsere Gemeinden ein geradezu untrügliches Gespür. Sie verzeihen vieles und haben für manches Verständnis. Aber für eines haben sie keine Nachsicht: wenn einer, der den Vorsteherdienst ausübt, sich selbst zelebriert, wenn er selbstgefällig und

anmaßend ist, wenn einer seine Vollmacht mit offener oder versteckter Machtausübung verwechselt. Denn solche Vollmacht, Macht Gottes, das heißt: Zeichen und Taten, in denen sich Gottes Kraft und Liebe auch heute als mächtig erweisen soll, wird in ihren menschlichen Vermittlungsformen nur dann akzeptiert und »kommt an«, wenn *sie selbst* erscheint und ihr menschlicher Träger sich nicht ungebührlich vordrängt. Darum ist von ihm Transparenz verlangt, er muß durch-sichtig auf Jesus hin sein. Das geht eben nur in einem Dienen, das von sich, ja sich selbst weggibt – anders ist es nicht der Dienst Jesu, anders ist es kein Gottes-dienst.
Das mag für uns, die wir auf Selbstverwirklichung getrimmt sind, ärgerlich klingen, aber einfacher geht es nicht, denn so war es bei Jesus selbst als dem bleibenden Grund allen kirchlichen Dienens. Von der Ohnmacht des Kindes angefangen über die Armut und Bescheidenheit seines Wanderlebens bis hin zur äußersten Erniedrigung am Kreuz zeigt sich: Gerade indem sich Jesus selbst zurücknahm, konnte er den Dienst erfüllen, um dessentwillen er vom Vater gesandt war. Deshalb ist Jesus Christus der (vgl. Phil 2,5–11), der sich entäußert und selbstlos wird, der sein Herr-Sein aufgibt und zum Diakonos, zum Diener wird, damit so und nicht anders *Gottes Herr-Sein* Wirklichkeit werden kann. Konkreter gesagt: Jesus wäscht seinen Jüngern die Füße (vgl. Joh 13,1–20) und handelt damit anders als solche – als wir? –, die den Menschen lieber den Kopf waschen. Anderen den Kopf waschen darf man – wenn überhaupt – vielleicht nur, wenn man zuvor den Dienst des Fußwaschens getan hat ...
Eben deshalb ist es außerordentlich sinnvoll, daß diejenigen, die Presbyter, Vorsteher in den Gemeinden werden sollen und damit immer auch »Machtträger« sind, weil sie in der Vollmacht Jesu handeln, *zuvor* zu Diakonen geweiht werden. Denn der künftige Priester soll und muß wissen: Er ist und bleibt sein Leben lang auch Dia-

kon, das heißt wirklichkeitserfülltes Zeichen der Diakonia Christi. Damit beantwortet sich nochmals die anfangs gestellte Frage, ob diese Diakonenweihe für den Priester eigentlich »notwendig« sei: Der Diakonat ist keine bloße »Durchgangsstufe« zum Priestertum, sondern seine *bleibende Qualifikation.* Das Priesteramt setzt voraus, daß der, der es ausübt, auch Sakrament der Hingabe Jesu an uns Menschen ist. Jesus ist nicht bloß der eigentliche Priester und Hirt – das ist die eine Dimension des Schriftzeugnisses –, er ist auch der eigentliche Diakon, der sich nichts vorbehält, der für sich nichts sucht, sondern ganz im Vater und von ihm her für die Menschen da ist. Jesus war unter uns wie einer, der dient – bis zum letzten. Und eben diese Haltung Jesu findet im Diakonat ihre bleibende sakramentale, das heißt zeichenhaft-wirkliche Vergegenwärtigung. Nur in einer solchen Haltung des Dienstes vermag dann auch die Macht Gottes, die zum Presbyter- und Bischofsamt gehört, unverfälscht und rein zu erscheinen. Darum ist der Diakonat im wahrsten Sinn die *bleibende Grundlage allen kirchlichen Amtes,* und darum wird das, was bei der Diakonenweihe geschieht, immer auch ein kritisches Korrektiv in der weiteren Lebensgeschichte der Geweihten sein.
Solange wir unterwegs sind, stehen wir irgendwo alle zwischen den Fronten, zwischen dem Herr-sein-Wollen, dem Sich-selbst-Suchen und dem Diener-sein-Dürfen. Wir sind auf dem Weg. Aber es wird sich entscheiden müssen, ob wir ein Leben lang bloß auf dem Weg zum »Herrn Diakon« sind oder zum wirklichen Diener des Herrn.

Anmerkungen

[1] Vgl. dazu H.-J. Weber, Zur theologischen Ortsbestimmung des Diakonats im einen Weihesakrament, in: J. Plöger/H. J. Weber (Hrsg.), Der Diakon. Wiederentdeckung und Erneuerung seines Dienstes. FS A. Frotz, Freiburg/Basel/Wien 1980, 104–121, bes. 109 ff und 112 ff.

[2] Vgl. dazu: Die deutschen Bischöfe. Der liturgische Dienst des Diakons, Bonn 1984, bes. 9 f.

[3] K. Hemmerle, Die geistliche Grundgestalt des Diakonates. PWB-Sonderdrucke Heft 15, Freiburg i. Br. 1981, 9.

[4] Siehe in diesem Kontext W. v. Arx, Aufbau und Struktur des Stundengebetes, in: Dt. Bischofskonferenz (Hrsg.), Mit der Kirche beten, Regensburg 1978, 68–78.

[5] A. Deissler, Die Psalmen, Düsseldorf [2]1979, 19 ff.

[6] Siehe zum folgenden auch: G. Greshake, Priestersein, Freiburg/Basel/Wien [2]1991, 153 ff.

Priesterweihe – wofür?

»Warum ernenne ich Sie nicht einfach zum Priester, indem ich Ihnen etwa eine Urkunde oder Bescheinigung aushändige? Weshalb werde ich Sie zu Priestern *weihen*?« Dieser Satz aus der Bischofspredigt eines Weihegottesdienstes berührt eine Frage, die heute oft gestellt wird: Warum braucht man, um Priester zu sein, eine Weihe?[1] Wird das, was bei dieser Feier geschieht, überhaupt noch verstanden? Wird dadurch der Priester nicht in unangemessener Weise herausgehoben, von den »übrigen« Gläubigen isoliert?
Der Schlüssel zu einer Antwort liegt im Einsatz, den Gott selbst in Jesus für den Menschen gewagt hat, und in der Weise, wie dieser Einsatz in jeder Zeit neu deutlich werden muß. Gottes Dienst an der Welt besteht doch genau darin, daß er in Jesus deutlich macht, was ihm der Mensch wert ist: nämlich den eigenen Höchsteinsatz. Denn in Jesus zeigt Gott der Welt nicht bloß etwas von sich, er gibt sich selber. Nichts anderes als dieser Dienst der Selbsthingabe Gottes muß von der Kirche immer wieder neu dargestellt und verwirklicht werden, sonst ist es kein Gottes-dienst. Weil Gottes Engagement und der Auftrag, es im eigenen Einsatz sichtbar zu machen, der Kirche vorgegeben sind, ist sie immer schon mehr als ein freier Zusammenschluß von gleichgesinnten Jesus-Anhängern.

Kirche und Priester

Fragt man nun nach dem Zeugnis des Priesters in dieser Gemeinschaft, an der Gottes Einsatz für die Welt deutlich werden soll, so läßt sich sagen: Der Priester ist »in Person« der bleibende Verweis darauf, daß die Kirche und damit jede konkrete Gemeinde ihren Grund in Jesus selbst hat. Der Priester soll bei allem, was er tut – bei der Feier der Eucharistie, im Mühen um die Verkündigung, im Dienst der Versöhnung, kurz, bei all dem, was Gemeinde aufbaut und zusammenhält – immer wieder erfahrbar machen, daß Jesus hier und heute »da« ist. Dazu genügen nicht bloß bestimmte Funktionen – das ganze Leben des Priesters muß ein dauernder Hinweis darauf sein, daß und wie Jesus in seiner Kirche am Werk ist. Es soll deutlich werden, daß der Priester nicht Eigeninteressen vertritt, sondern in seinem Vor-stehen (bei aller Vorläufigkeit) den eigentlichen Herrn zur Geltung bringt.

Was geschieht in der Weihe?

In der Weihe wird diese bleibende Ausrichtung des Priesters auf diese »Für-Sorge« Jesu deutlich.[2] Weihe als Sakrament will zunächst einmal sagen: Auf das, was da geschieht, habe ich von mir aus keinen Anspruch – ich kann mich allenfalls von Jesus so ansprechen und beanspruchen lassen, daß ich offen werde für sein ständiges Engagement *für* die Welt, *in* der Kirche, *durch* mich.
Um in dieser Aufgabe leben zu können, braucht es ständig die Gabe der helfenden Nähe Gottes, den Geist. So macht die schon im Neuen Testament bezeugte *Handauflegung* deutlich, daß der Priester zuallererst ein »ergriffener«, ein »begeisterter« Mensch sein muß, den die Leidenschaft für Gott aus der Begegnung mit Jesus heraus zu den anderen führt. Gut paßt in diesen Zusammenhang der Wunsch, den mir ein Freund zum Beginn meiner Tätigkeit als Regens schrieb: »Ich bete für Dich, daß Du den jungen Leuten im Priesterseminar helfen kannst, geistliche Menschen und menschliche Geistliche zu werden.« Knapper und treffender läßt sich die ganze Spannweite dessen, was die Weihe beinhaltet,

kaum ausdrücken. In der Weiheliturgie folgt dann das *Gebet des Bischofs*, das dieses »Ergriffensein« ins Wort bringt: als Bitte an Gott um seine wirksame *Gabe* zur Erfüllung einer *Aufgabe*, die wiederum nur als Offensein für die *Hingabe* Jesu zu leben ist.
Deshalb ist die ganze Weihehandlung auch in das Zentralste hineingenommen, was den Dienst des Priesters kennzeichnet: in die *Feier der Eucharistie*. Das ist nichts Beliebiges, was auch austauschbar wäre, sondern Verbindung zum Wesentlichen, Unaufgebbaren – anders, »billiger«, geht es nicht. Denn Christus nimmt den Dienst des Priesters dabei so in Anspruch, daß er in dessen Tun für die Welt »greifbar« werden will – er nimmt den Menschen so ernst, daß er sich ihm im eucharistischen Brot buchstäblich in die Hand gibt.
Christus sucht sich für diesen Dienst seiner Hingabe, die sich im ganzen Leben fortsetzen muß, immer wieder konkrete Menschen aus, weil das Geheimnis seiner Nähe auch darin besteht, daß diese Nähe zwar unsichtbar, aber doch nie anonym ist. Für diesen »Dienst seiner Nähe« braucht Jesus Menschen, die ganz »mit ihm sein« wollen (vgl. Mk 3,14). »Was Sie heute beginnen, kostet Ihr Herz. Gebe Gott, daß Sie es nie billiger tun«, hieß ein Satz aus der Ansprache des Bischofs bei meiner eigenen Priesterweihe; ein Wort, das ich nicht vergessen kann.

Zu-mutung des Glaubens

Aber genau da, wo die Rede auf das Zentrale des priesterlichen Einsatzes kommt, löst die Bereitschaft zu diesem Dienst nicht nur Freude, sondern auch Fragen aus. Was steckt denn eigentlich in diesem Anspruch Jesu zur *Ganzhingabe*? Da kann sich leicht ein gefährliches Mißverständnis im Sinne eines falschen Heroismus einschleichen. Der Priester als ein Mann, der sich bis ans

Ende seiner Kräfte aufreibt – der Mensch ohne Freizeit –, einer, der arbeitet bis zum Umfallen, der sich für seine Sache »verheizen« läßt – das sind einseitige und problematische Idealklischees der Vorstellung von Ganzhingabe, gefährlich vor allem deshalb, weil sie an der Oberfläche bleiben und das Entscheidende nicht deutlich machen. Sich ganz hingeben – wenn ich das in seiner vollen Wirklichkeit nehme, dann bedeutet das doch nicht bloß und nicht einmal in erster Linie den Einsatz meiner Vorzüge und starken Seiten. Damit tue ich mir leicht. *Ganz* von Christus in Dienst genommen sein – das zwingt mich doch auch und gerade immer wieder zum Verschenken meiner Armseligkeit, meiner Schattenseiten und meiner Grenzerfahrungen. Ich bin auf *diese* Weise total in Dienst genommen, weil Christus den Priester als ganzen haben will und eben nicht nur in bestimmten Funktionen und Rollen, in denen ich nur einen Teil von mir sichtbar mache, nämlich bestimmte Züge, Vor-züge, die ich gern hervorkehre, weil ich weiß, daß sie gut »ankommen«. Diese Form der Ganzhingabe kann sehr wehtun.[3]

In solchem Verschenkenmüssen der eigenen Armseligkeit liegt in der Tat eine *Zu-mutung*, aber eine Zumutung in völlig anderem Sinn, als wir das Wort gemeinhin verstehen. Hier kommt eines der zentralen Worte bei der Priesterweihe ins Spiel: »Stelle dein Leben unter das Geheimnis des Kreuzes.« Man kann dieses Wort mißbrauchen. Man kann vorschnell schwierige Situationen, die durch eigenes Versagen verschuldet sind, zum Kreuz erklären. Man kann Konflikte, die man nicht aufzuarbeiten bereit ist, als Kreuz hinstellen. Aber jeder, der das Wort vom Kreuz als Entschuldigung mißbraucht, um nicht alles zu tun, was nur durch Tun getan ist, oder um nicht alles zu ändern, was nur durch Änderung anders wird, der entwertet das Kreuz zum billigen Trick. Es gibt eine »bucklige Demut«, die das Kreuz vorschnell einsetzt. Jesu Kreuz, um dessen Verkündigung sich der Priester nicht herumdrücken kann, ist anders. In ihm zeigt Gott, wieviel ihm der Mensch bedeutet: nämlich so viel, daß er in Jesus für die Menschen sogar in die letzte Armseligkeit von Leiden und Sterben hineingeht. So etwas ist unerfindlich: Gottes Wege gehen tiefer hinunter, als ich es mir ausgedacht hätte – aber deshalb gibt es eben keine Situation mehr, die von vornherein seiner Liebe entzogen wäre.

In seiner Verkündigung erfährt der Priester das Geheimnis des Kreuzes täglich neu. Da sind zunächst die Schatten, die dieses Kreuz wirft: es gibt die Stunden und Tage innerer Leere, die dieser Beruf auch kennt – Stunden und Tage, in denen man nach Enttäuschungen fragt: Wozu das alles? Da sind die Augenblicke, in denen der Priester spürt, daß es in seinem Tun keine menschliche Erfolgsgarantie gibt. Ich denke an den Pfarrer, der kurz vor seinem Tod resigniert feststellte, er habe in dreizehn Jahren über die Hälfte der Gottesdienstbesucher verloren, trotz aller Anstrengungen ... Da gibt es die Zumutung des Kreuzes an den Betten unheilbar Kranker, an den Gräbern Verstorbener, wo man manchmal am liebsten auch stumm bleiben würde.

All das sind Zumutungen, und sie wären unerträglich, wenn es sich dabei um bloße Forderungen handelte. Aber Gottes Zu-mutungen sind nochmals anders: In ihnen spricht er immer wieder Mut zu, den eigenen Einsatz als Christ und Priester im Zeugnis des Glaubens zu wagen, weil er zuvor mit Christus selbst alles gewagt und sein eigenes Leben eingesetzt hat. Im »amtlichen« Dienst des Priesters soll gewissermaßen dieser Höchsteinsatz Gottes immer neu zur Geltung kommen. So ist der Druck vom Priester genommen; denn er braucht und darf sich nicht selbst darstellen, sondern auf den verweisen, der unser Tun erst ermöglicht: Jesus Christus. Bloße Effektivität ist unfruchtbar, sie kann auch auf Kosten anderer gehen. Leben aus dem Geheimnis des Kreuzes macht das, was ich tue – auch in seiner scheinbaren Erfolglosigkeit – erst sinnvoll.

Anspruch und Wirklichkeit

Dieses Ausmaß der Liebe Gottes ist bedrückend und beglückend zugleich. Bedrückend, weil vor dieser »Liebe bis ans Ende« (Joh 13,1) die eigene Vorläufigkeit und Ohnmacht zunächst noch radikaler erscheinen muß. Noch mehr aber ist diese Nähe Gottes zur Welt beglükkend, weil sie immer wieder neu spüren läßt, wie aus dieser Zu-mutung heraus die Kraft erwächst, den Mut zum Glauben auch anderen vorzuleben und zuzusprechen. Der Priester kann so Helfer zu einer Freude sein, die nicht von momentanen und sehr rasch wechselnden Stimmungen abhängt, sondern die sich gerade in Schwierigkeiten bewähren wird und dadurch bewahren läßt. Denn aus der Freude darüber, daß Gott in Christus alles mit uns geteilt, sich uns mit-geteilt hat, aus dieser Freude erwächst dann bei dem, der sie weiterschenken darf, jene einladende, ansteckende Gelöstheit und Gelassenheit, die nur den kennzeichnen kann, der weiß, daß er seit Jesus Christus von Gott nie mehr alleingelassen ist.
Der priesterliche Leitungsdienst in einer Gemeinde wird nur dann glaubwürdig, wenn er von dieser Erfahrung geprägt ist. Wohl nicht zuletzt deshalb findet sich auf den Primizbildern vieler Neupriester der Satz aus dem zweiten Korintherbrief (1,24): »Wir sind nicht Herren über eueren Glauben, wir sind Helfer zu euerer Freude.« Ein solches Wort weckt Hoffnung, ist aber auch anspruchsvoll, weil es den Maßstab für den konkreten, alltäglichen Einsatz des Priesters darstellt.
Genau da beginnt aber das Problem. Es gibt kaum eine Frage, die mich als Regens so verfolgt wie die Frage des

Bischofs bei der Weiheliturgie: »Glaubst du, daß sie würdig sind?« Abgesehen davon, daß ich mir vor jedem Versuch einer Antwort diese Frage immer selbst stellen muß, gibt mir die Weiheliturgie dann gewissermaßen die Möglichkeit einer Ausrede: Ich antworte nämlich nicht direkt mit einem klaren »Ja« (das wäre auch vermessen), sondern sage: »Das Volk und die Verantwortlichen wurden befragt ...« In diesem Ausweichen liegt etwas sehr Wichtiges: Indem bei der Frage nach der Würdigkeit für eine Weihe das Volk ins Spiel kommt, zeigt sich, daß die Zulassung zu einem Amt in der Kirche, daß dessen Ausübung nur möglich ist, wenn sie aus der Gemeinde erwächst und auf sie bezogen bleibt, gerade wenn und weil dieses Amt das unverfügbare Wirken Jesu für die Welt verdeutlichen soll. »Würdig« meint also, ob einer im Dienst an den Menschen in seiner konkreten Person, mit Fähigkeiten und Grenzen, glaubhafter Zeuge für Jesus sein kann, ob er über-zeugend aus der Umkehr lebt. Nicht zuletzt daran wird deutlich, daß priesterliche »Identität« nur gelingt, wenn sie zu dieser ständigen Selbstrelativierung auf Christus und die Menschen hin bereit und fähig ist.[4]

Anmerkungen

[1] Vgl. dazu F. Wetter, Wir sind Gottes Mitarbeiter, Mainz 1977, bes. 4ff.

[2] Interessante Gedanken dazu finden sich bei H. Volk, Ihr sollt meine Zeugen sein, Mainz 1977, 49ff und 58ff und K. Lehmann, Geistlich handeln, Freiburg/Basel/Wien 1982, 39–55 sowie J. Freitag, »Unter der Führung des Heiligen Geistes.« Gabe und Aufgabe des Weihesakramentes. In: Zur Pastoral der geistlichen Berufe 28 (1990), 42–45.

[3] Siehe in diesem Kontext auch J. Bours, Bemerkungen zu priesterlichen Lebenskrisen, in: Pastoralblatt 35 (1983), 292–295.

[4] Zur Entfaltung dieses Gedankens siehe auch K. Hemmerle, Gerufen und verschenkt. Theologischer Versuch einer geistlichen Ortsbestimmung des Priesters, Leipzig 1986, 169ff und 177ff.

Eucharistische Lebenskultur

Früher fand man vor allem auf dem Land noch gelegentlich die Ansicht, die Vorbereitung auf den Priesterberuf bestehe im wesentlichen darin, das Messelesen zu erlernen. Man wunderte sich mitunter nur über die relativ lange Dauer dieser »Lehrzeit«.

Im übertragenen Sinn war diese Volksmeinung nicht einmal falsch. In der Tat geht es in der Priesterausbildung um ein Hineinwachsen in die Eucharistie, besser gesagt: um das Einüben einer eucharistischen Lebenskultur, die immer schon mehr ist als die liturgisch-kultische Dimension. Denn umgekehrt ist die Eucharistie selbst eine »Lebensschule«.

Dies soll an zwei ganz konkreten Fragen verdeutlicht werden, die immer wieder so etwas wie »Dauerbrenner« sowohl in der Priesterausbildung wie bei Gesprächen vor allem mit solchen Pfarrern und Kaplänen sind, die mehrere Gemeinden zu betreuen haben: die Frage der täglichen Eucharistiefeier des Priesters und das Problem der Zelebrationshäufigkeit an Sonn- und Feiertagen.

Die Meinungen gehen meist auseinander und werden sehr unterschiedlich begründet, je nachdem, welches Eucharistieverständnis bzw. Priesterbild dahintersteht. Die folgenden Gedanken wollen zum einen zeigen, daß es sich bei der Fragestellung selbst nicht um »standesbedingte« Einzelprobleme handelt, sondern wie dabei Grundvollzüge des Glaubens konkret werden. Zum anderen wollen diese Überlegungen eine Hilfe sein, nach theologisch-spirituellen Kriterien zu suchen, an denen sich Priestersein ausrichten muß, wenn es wirklich auf Christus und die Gemeinde hin orientiert ist.

Rein geschichtlich gesehen ergibt sich zunächst eine gewisse Spannung: Noch der Kodex von 1917 verpflichtete den Priester lediglich, mehrmals während des Jahres zu zelebrieren[1]; de facto wurde es jedoch allgemein als selbstverständlich erachtet, daß der Priester es täglich tat. Einübung dazu war die Praxis der täglichen Eucharistiefeier in der Konzeption der tridentinischen Seminarausbildung.[2] Auch die von der Deutschen Bischofskonferenz im Jahr 1978 festgelegte »Rahmenordnung für die Priesterbildung« sieht beispielsweise für den Seminaristen des 1. bis 4. Semesters vor: »Zur tragenden Grundlage seines Lebens soll die Eucharistie werden; Ziel ist ihre tägliche Mitfeier.«[3] Für den weiteren Verlauf der Ausbildung heißt es dann: »Den Kandidaten stellen sich die Aufgaben ... die Eucharistie in der täglichen Mitfeier als Zentrum des geistlichen Lebens zu erweisen.«[4] Ähnlich argumentiert der Kodex von 1983, in dem für den Priester die tägliche Zelebration »eindringlich empfohlen« wird.[5]

Gegenargumente beziehen sich meist auf die Gefahr einer Oberflächlichkeit infolge langer Gewöhnung: Wenn man nicht für die Gemeinde zelebrieren müsse, so kann man hören, brauche man zur Vermeidung von Routine durchaus ab und zu einen »liturgiefreien Tag«. Häufig wird in diesem Zusammenhang auch noch auf den Unterschied zwischen der zentralen Bedeutung der Sonntagseucharistie und den Werktagsgottesdiensten verwiesen; nicht selten bezieht man sich dabei auf das frühe Christentum und die noch heute geübte ostkirchliche Praxis der Eucharistiefeier nur an Sonn- und Feiertagen, während sich der tägliche Gottesdienst auf das Stundengebet konzentriert. Jedoch zeigt sich bereits hier, wie mißverständlich z.B. das leichtfertig gebrauchte Wort »liturgiefrei« ist: Es wird dabei nur zu schnell vergessen,

daß gerade das erneuerte Stundengebet (vgl. die lateinische Bezeichnung »Liturgia horarum«) in herausragender Weise liturgisches Feiern ist, auch wenn dieses Gebet im Einzelvollzug verrichtet wird.
Doch zurück zur Frage der täglichen Eucharistiefeier: Andere Argumente, die dagegen angeführt werden, zielen eher aufs Psychologische und betonen etwa, die Eucharistie als Vergegenwärtigung des Opfers Jesu führe an Höhepunkte und Extreme des Lebens – man könne im Mit- und Nachvollzug aber nicht täglich bis ins Extrem gehen; deshalb sei die tägliche Eucharistiefeier zumindest frag-würdig. Nicht selten wird auch – gerade im Bereich der Priesterausbildung – immer wieder angeführt, wenn sich in den Pfarreien die Notwendigkeit einer täglichen Zelebration ergebe, dann »geht das schon, wenn ich muß« (als ob Gemeinden – zumindest auf Dauer – kein Gespür dafür hätten, ob jemand eine Messe aus purem Pflichtgefühl »persolviert« oder ob ihm die Feier der Eucharistie ein inneres Anliegen ist!).
Die Argumentationsbeispiele ließen sich noch fortsetzen. Es ist aber nun umgekehrt zu fragen, welches zentrale Anliegen hinter der Forderung nach der täglichen Eucharistiefeier des Priesters steht. Ich möchte den Rahmen mit einer Geschichte aus den »Erzählungen der Chassidim« von Martin Buber abstecken, in denen sich folgende Worte des Rabbi Jizchak Meir finden:

»Wenn einer Vorsteher wird, müssen alle nötigen Dinge da sein, ein Lehrhaus und Zimmer und Tische und Stühle, und einer wird Verwalter, und einer wird Diener und so fort. Und dann kommt der böse Widersacher und reißt das innerste Pünktlein heraus, aber alles andere bleibt wie zuvor, und das Rad dreht sich weiter, nur das innerste Pünktlein fehlt. Und der Rabbi hob die Stimme: Aber Gott helfe uns, man darf's nicht geschehen lassen!«[6]

Das Rad dreht sich weiter ... Es ist nicht übertrieben, wenn heute viele Priester klagen, sie seien buchstäblich »am Rotieren«: Immer mehr Ansprüche kommen auf den einzelnen zu, der »Leistungsdruck« verstärkt sich. Es geht bei dieser Feststellung nicht um billiges Selbstmitleid, sondern um die sich in einer solchen Situation abzeichnende Grundgefahr: Unbemerkt kann sich bei zunehmendem persönlichen Erwartungsdruck seitens der Gemeinde, der auf dem einzelnen Priester lastet, bei diesem der Eindruck verfestigen, es komme primär auf ihn und sein Tun an. Dies wäre ein gefährlicher Irrtum, ja die Versuchung eines neuen Klerikalismus, der sich in der Form von pastoralem Dauerstreß zeigt.
Dagegen muß immer wieder betont werden: Der Priester kann in allem, was er ist und tut, immer nur darauf verweisen, daß es auf Jesus Christus ankommt; er kann allenfalls – und gerade dabei wird er voll ernst genommen – bei diesem »Ankommen« helfen. Diese immer wieder neu nötige »Ortsbestimmung« des priesterlichen Dienstes wird jedoch am dichtesten in der Eucharistie spürbar, wo dieser Begründungszusammenhang zwischen dem Tun Jesu und der Ermöglichung des eigenen Einsatzes in der Relation von Gabe und Aufgabe stets neu deutlich wird: Jesu Hingabe, seine Pro-existenz, sein Da-sein für andere, ermöglicht, ja fordert erst meine Zuwendung und entlastet mich gleichzeitig von dem unerträglichen Druck, *ich* müsse Kirche »schaffen«.
Communio erwächst im letzten nur aus dem Wirken Jesu an Kirche und Welt, das der Priester in seinem Dasein und Tun jeweils ganz persönlich bezeugen darf. Im gewandelten Brot, das gebrochen und verteilt wird, ist diese Communio buchstäblich »greifbar«, weil dabei deutlich spürbar wird, wie Gott in Jesus Christus für die Welt da ist und sich ihr mitteilen, sein Leben mit ihr teilen will.

Deutlich wird: Eucharistie ist auf diese Weise der »innerste Punkt« im Tagesgeschehen, der das »Rad der Zeit« zusammenhält, der Bezugspunkt, auf den alles einzelne Tun des Priesters hingeordnet ist und von dem her es erst möglich und sinnvoll wird. Denn sonst drohen Einzelaktivitäten beziehungs-los zu werden, indem offizielles Tun und persönliches Handeln auseinanderdriften, weil die Eucharistie als innerster Punkt nicht mehr in dauerhafter Verbindung mit all dem steht, was doch eigentlich erst aus der dort gefeierten Hingabe Jesu heraus möglich wird: Gemeinschaft in den verschiedensten Lebensbereichen.

Von diesem Communio-Gedanken her kann die tägliche Eucharistiefeier des Priesters, der sein Tun ja immer auch als Dienst an der Einheit verstehen muß, durchaus auch den Charakter der *Stellvertretung* für all jene annehmen, denen eine »aktive« Teilnahme nicht möglich ist oder die den ausdrücklichen Bezug zu Christus verloren bzw. nie entdeckt haben, die gleichgültig geworden sind. Gerade hier beginnt die Übersetzung des von Jesus erschlossenen »pro vobis« im Leben des Priesters, weil Eucharistie immer die sichtbaren Grenzen der »aktuellen« Feier auf das Ganze von Kirche und Welt hin überschreitet.

Der Gesamtzusammenhang, um den es dabei geht, läßt sich – reichlich programmatisch – als *»eucharistische Lebenskultur«* bezeichnen: In allem, was der Priester als berufener Zeuge dafür, daß Christus für die Menschen da ist, tut, geht es um Transparenz auf den Herrn hin, der sich als »Brot für die Welt« verschenkt. G. Greshake drückt es so aus: »Es kommt darauf an, daß all das, was ich amtlich ›an Christi Statt‹ tue, in mein Leben und durch mein Leben übersetzt wird.«[7] Daß diese Übersetzung häufig Fragment bleibt, daß sie nicht bruchlos ge-

lingt und täglich neu aus der Umkehr lebt, ist dabei eher noch ein verstärkender Hinweis auf die Wichtigkeit, sich immer wieder des Ursprungs jener vergebenden Liebe zu vergewissern, aus der allein Neuanfang und Versöhnung möglich wird: der Hingabe Jesu, in dessen Leben, Leiden, Tod und Auferstehung Gott einen neuen Anfang mit der Welt und jedem einzelnen Menschen gesetzt hat.
In der Eucharistie wird dieser Neubeginn, mit dem Gott in Jesus Christus aufs Ganze geht, im besten Sinn des Wortes »alltäglich«, weil sich zeigt, daß *alle* Lebensbereiche, auch die unscheinbarsten Formen menschlicher Kommunikation, mit dieser Proexistenz zu tun haben. (Gerade von dieser Zuordnung her wird deutlich, wie das Argument, man könne im Eucharistiefeiern nicht täglich ins Extrem gehen, die Grundakzente verschiebt!) Es zeigt sich: Die Frage der täglichen Feier ist also nichts Beliebig-Subjektives, sondern kann nur von daher hinreichend beantwortet werden, ob mir klar ist, daß ich als Priester in meinem »Übersetzungsdienst« an der Proexistenz Jesu mit der eigenen Kraft schnell am Ende bin und deshalb die regelmäßige eucharistische Begegnung buchstäblich so notwendig brauche wie das tägliche Brot.
Ein Gedanke von J. Ratzinger unterstreicht das Wesentliche an diesem Übersetzungsvorgang nochmals sehr eindringlich: »Der erschreckende Auftrag der Eucharistie besteht darin, daß der Priester mit dem Ich Christi sprechen darf. Priester werden und Priester sein ist immerfort ein Zugehen auf diese Identifikation. Damit werden wir nie fertig, aber wenn wir sie suchen, sind wir auf dem rechten Weg: auf dem Weg zu Gott und zum Menschen, auf dem Weg der Liebe.«[8]
Die *Art* der eucharistischen Mitfeier kann dabei durchaus variieren und wird sich nach den konkreten Möglichkeiten in den Pfarreien und geistlichen Gemeinschaften richten. Dabei sollte nicht so sehr das Faktum der

(Einzel-)Zelebration, sondern der tätige Mitvollzug der Liturgie, den das Zweite Vatikanische Konzil von allen Christen fordert (Liturgiekonstitution Nr. 14), grundlegend sein. Auf keinen Fall darf dort, wo sich eine legitime Vielfalt aus der Situation heraus ergibt, von der äußeren Art der Mitfeier auf eine mehr oder weniger vorhandene »spirituelle Dichte« geschlossen werden; R. Kaczynski karikiert solche unterschwellig immer noch vorhandenen Denkmuster recht treffend: »Der wirklich fromme Priester zelebriert privat; der weniger fromme konzelebriert; mit der Frömmigkeit ist es nicht weit her bei dem, der nur nach Art der Laien an der Messe teilnimmt ...«[9] Hier wäre bezüglich der konkreten Praxis vielmehr die Anfrage von G. Greshake ernst zu nehmen: »Muß ein Priester sich eigentlich immer im ›Gegenüber‹ zur Gemeinde darstellen? Müßte die Gemeinde nicht *auch* erfahren können, daß ein Priester mit ihnen, unter ihnen Eucharistie feiert?«[10]

Die Frage der Zelebrationshäufigkeit

Das kirchliche Recht macht in diesem Punkt ziemlich eindeutige Vorgaben: »Wenn Priestermangel besteht, kann der Ortsordinarius zugestehen, daß Priester aus gerechtem Grund zweimal am Tag, ja sogar, wenn eine seelsorgliche Notlage dies erfordert, an Sonntagen und gebotenen Feiertagen dreimal zelebrieren.«[11] In den Partikularnormen deutscher Bistümer wird diese Regelung sogar auf »höchstens drei Meßfeiern am Sonntag einschließlich Vorabend« hin präzisiert und ihre Beachtung als »strenge Pflicht« in Erinnerung gerufen; zur Begründung wird angeführt: »Die Meßfeier als die Höchstform des christlichen Gottesdienstes kann vom Priester auch in einem seelsorglichen Notstand nicht beliebig oft gefeiert werden.«[12]

Bereits bei früherer Gelegenheit wird auf den spirituellen Kontext dieses Arguments verwiesen: Die Regelung solle für den Priester eine Hilfe sein, »um geistlich nicht total überfordert zu werden«, denn: »Er darf ja nicht nur äußerlich zelebrieren; er muß dieses heilige Sakrament innerlich mitvollziehen im Blick auf Christus und die Gemeinde ... So ist es grundsätzlich nicht möglich, dem einzelnen Pfarrer aufzuerlegen, er soll am Sonntag zusätzlich noch öfter zelebrieren.«[13] W. Breuning formuliert es noch prägnanter: »Wenn der Priester bei der Feier nicht mehr als selbst Betender sein kann, ist die Grenze seiner ›Zelebrationsfähigkeit‹ – wenn man so ein schreckliches Wort einmal bilden darf – überschritten.«[14] Geschichtlich gesehen konnte die Begrenzung der Anzahl der Meßfeiern je nach wechselnder Situation verschiedene Gründe haben (z. B. Unterbindung einer »Verdinglichung« der Eucharistie durch Annahme von Mehrfachstipendien)[15]; *ein* durchgehendes Motiv war jedoch schon immer, ein gedankenlos-oberflächliches Persolvieren der Meßfeiern zu vermeiden.[16]
Die Absicht, den Priester vor Überlastung und oberflächlichem Vollzug der Eucharistiefeier zu schützen, trifft in der faktischen Situation freilich auf Probleme. In vielen Bistümern ergibt sich nicht selten ein Gefälle dergestalt, daß z. B. einer Sonntagsmeßhäufung in den Innenstädten (wo unter Umständen auch noch zusätzlich Ordens- und Klosterkirchen vorhanden sind) eklatante Engpässe in ländlichen Gebieten gegenüberstehen, wo nur zu häufig ein Priester für zwei oder mehrere Pfarreien zuständig ist. Natürlich kann der Notstand hier und dort durch Bereitschaft zur Mithilfe gemildert werden; diesbezüglich heißt es z. B. in diözesanen Richtlinien: »Grundsätzlich sollte die Möglichkeiten einer sonntäglichen Meßfeier für jede Seelsorgsstelle sichergestellt sein, bevor in einer einzelnen Kirche mehrere Meßfeiern stattfinden.«[17] Doch gerade dies bringt ein weiteres Problem mit sich,

das bereits ein Hirtenbrief des Bischofs von Würzburg aus dem Jahr 1978 sehr realistisch benennt: »Ebenso gehören Leben der Gemeinde und Gottesdienst der Gemeinde unlösbar zusammen. Ein Priester, der etwa nur als ständige Aushilfe sonntags Gemeinden ›bereist‹, kann deren Leben in den Gottesdienst nicht genügend hineinnehmen, weil er es zuwenig kennt und nicht miterlebt.«[18]
Erschwerend kommt im Blick auf die priesterliche Belastbarkeit noch vielfach der Wunsch hinzu, etwa auch Trauungen am Samstag mit einer Eucharistiefeier zu verbinden, wobei nicht immer klar ist, ob diese Tendenz aus einer Wertschätzung des Sakraments herrührt oder aus dem Verlangen nach »erhöhter Feierlichkeit« kommt. Dies gilt auch für den häufig in Pfarreien vorgebrachten Wunsch, z. B. Verbands- oder Vereinsjubiläen mit einer eigenen Eucharistiefeier zu verbinden. Hier wird es nötig sein, sich nicht bloß unrealistischem Anspruchsdenken entgegenzustellen, sondern auch positiv den Blick auf die Vielfalt möglicher Gottesdienstformen zu eröffnen.[19] Eine bloße »Gefälligkeitspastoral« wäre jedenfalls etwas höchst Fatales.
In der konkreten Frage nach der Belastbarkeit des Priesters durch die mehrmalige Eucharistiefeier an Sonn- und Feiertagen sollten immer zwei Extreme vermieden werden: einerseits ein bloßes Appellieren an die mitbrüderliche Solidarität und Einsatzbereitschaft mit oft wenig hilfreichen Durchhalteparolen. Ein Pfarrer mit mehreren Pfarreien kommt fast unausweichlich in Schwierigkeiten, für die es nicht einfach Patentrezepte gibt. In einer einzigen Pfarrei läßt sich eben leichter ein spirituelles Leben mit der Gemeinde führen als in mehreren Pfarreien mit einer Serie von Räten, Gruppen, Festen und eben auch Gottesdiensten. Allein diese Vervielfachung bringt logischerweise Probleme.
Genauso falsch wäre es jedoch, unbesehen die auch

durch häufige Wiederholung nicht richtiger werdende polemische Behauptung zu übernehmen, der Priester in der Sorge um mehrere Gemeinden werde zwangsläufig zum »Sakramentenroboter«, der nur an Sonn- und Feiertagen zum Gottesdienst auftaucht und dann gleich wieder verschwindet. Ein solches Reden erweckt zumindest den Eindruck, als werde Eucharistie wie etwas in sich Abgeschlossenes, vom Leben Losgelöstes verstanden. Nichts wäre jedoch gefährlicher als dies. Es gibt vielmehr so etwas wie »unsichtbare Verbindungslinien«: Der Umgang des Priesters mit »seinen« Gemeinden, die Art und Weise, wie er Situationen, Erwartungen und auch Konflikte angeht, prägt sein Gottesdienstverhalten – und umgekehrt! Wer aus diesem Wissen lebt, muß nicht dauernd Angst haben, daß sein Eucharistiefeiern beziehungslos wäre, auch wenn er nicht ständig mit den Menschen an einem Ort zusammen ist.
Eine Konsequenz eucharistischer Lebenskultur (in der es auf mich als Priester immer »nur« soweit ankommt, als ich Jesus beim »Ankommen« helfe) zeigt sich immer wieder auch darin, ob ich von dieser Relativierung her im Umgang mit den Menschen fähig bin, das richtige Verhältnis von Nähe und Abstand zu finden und der Versuchung »geistlicher Omnipräsenz« zu widerstehen. Von dieser Einsicht her ist dann aber die entscheidende Frage nicht mehr das (wiewohl Wichtige): Habe ich überhaupt Zeit zur Vorbereitung?, sondern: Lebe ich in einem Zustand des Vorbereitetseins, d. h. aus einer Verbindung mit Jesus, die mich sensibel und offen macht für Anliegen, Sorgen und Hoffnungen der Gemeinde, die ich dann in die jeweilige Feier der Eucharistie hineinnehmen darf und in meiner Verkündigung zur Sprache bringe?
Es zeigt sich jedenfalls, daß die Frage nach der sogenannten »Zelebrationshäufigkeit« von umfassenderen Perspektiven her angegangen werden muß, als es vielleicht zunächst den Anschein hat. Wichtig wäre gerade beim

Vollzug mehrerer Eucharistiefeiern an Sonn- und Feiertagen, immer wieder eine spirituellc Verknüpfung bzw. Übersetzung von Liturgie und persönlichen Lebensvollzügen zu versuchen.[20] Ganz entscheidend geht es dabei um konkrete Konsequenzen aus dem Auftrag der Weiheliturgie: »Bedenke, was du tust; ahme nach, was du vollziehst ...« Damit läßt sich gewiß keine pseudospirituelle Opfermentalität für überlastete Priester begründen – in diesem Wort liegt vielmehr, als nüchterne Einsicht und befreiende Aussicht zugleich, ein Zugang zu Grund, Weg und Ziel unserer Sendung.

Anmerkungen

1 CIC (1917) can. 805

2 Vgl. dazu K. Mühlek, Wandel der Seminarerziehung, in: Theologisch-praktische Quartalschrift 136 (1988), 38–46.

3 Die deutschen Bischöfe, Rahmenordnung für die Priesterbildung, Bonn 1978, Nr. 32.

4 Ebd. Nr. 41.

5 CIC (1983) can. 904; zur täglichen Eucharistiefeier in den Priesterseminarien vgl. can. 246 § 1.

6 M. Buber, Die Erzählungen der Chassidim, Zürich 1949, 830.

7 G. Greshake, Als Priester geistlich leben, in: Pastoralblatt 39 (1987), 204–211 und 235–244, hier: 237.

8 J. Ratzinger, Perspektiven der Priesterausbildung heute, in: K. Hillenbrand (Hrsg.), Unser Auftrag, Würzburg 1990, 11–37, hier: 37.

9 R. Kaczynski, Zeichen der Einheit. Überlegungen zum Sinn und zur Praxis der Konzelebration, in: Gottesdienst 17 (1983), 129–131, hier: 129.

10 Greshake, a.a.O. 242.

11 CIC (1983) can. 905 § 2; vgl. dazu auch die Überlegungen von K.-Th. Geringer, Vor-Abendmesse und Trination, in: Anzeiger für die Seelsorge 94 (1985), 128.

12 Würzburger Diözesanblatt 131 (1985), 132.

13 Würzburger Diözesanblatt 124 (1978), 182.

14 W. Breuning, Agere in persona Christi – Verschanzung, Überforderung oder lebbarer Dienst?, in: Pastoralblatt 34 (1982), 354–363, hier: 362:

15 Zur geltenden Stipendienregelung vgl. CIC (1983) can. 945–958, bes. 947: »Vom Meßstipendium ist selbst jeglicher Schein von Geschäft oder Handel gänzlich fernzuhalten.«

[16] Vgl. dazu J. A. Jungmann, Der Gottesdienst der Kirche, Innsbruck/Wien/München [3]1962, 101 ff.

[17] Würzburger Diözesanblatt 131 (1985), 132.

[18] Würzburger Diözesanblatt 124 (1978), 182.

[19] Vgl. dazu die Überlegungen von N. Bischof, »Immer nur die Messe« oder »Variatio delectat«?, in: Pastoralblatt 35 (1983), 218–219.

[20] Vgl. dazu die hilfreichen Gedanken bei K. Lehmann, Persönliches Gebet in der Eucharistiefeier, in: Ders., Geistlich handeln (Freiburg/Basel/Wien 1982, 105–113 sowie G. Stanke, Die Eucharistie als Quelle priesterlicher Spiritualität, in: Gottes Volk Bd. 6, Stuttgart 1988, 90–95.

III. Lebensformen

Armut als bleibender Anspruch

Wenn ich als Priester mit einem gesicherten Monatseinkommen das Thema »christliche Armut« anschneide, bekomme ich ein schlechtes Gewissen. Es hilft mir auch wenig, wenn ich das Wort vermeide und lieber vom »einfachen Lebensstil« rede – der Anspruch des Evangeliums bleibt, aber zugleich mit ihm die Gefahr, ihn zu verfehlen. Zudem ist das Thema »Armut« komplex: »Es gibt eine Armut (wirtschaftliche Not, soziales Elend, kulturelle Verarmung), die menschenunwürdig ist und mit allen Mitteln überwunden werden muß ... Andererseits gibt es eine Armut, die auf keinen Fall beseitigt werden darf, weil sie eine Voraussetzung für den Glauben ist und wahres Christsein erst ermöglicht: eine Armut (Offenheit, Leere), deren ganzer Reichtum Gott ist und die die Augen öffnet für den Mitmenschen.«[1] Damit steckt Bischof Franz Kamphaus eine Spannweite ab, die ich im folgenden im Blick auf das Leben des Priesters in unseren gesellschaftlichen Verhältnissen etwas näher konkretisieren möchte – immer im Wissen, damit Maßstäbe zu setzen, hinter denen ich selbst zurückbleibe. Auch ist das Thema viel komplexer, als daß es mit den drei von mir herausgegriffenen Schwerpunkten hinreichend verdeutlicht werden könnte. Aber es geht dabei um Perspektiven, die *mir* in meinem eigenen priesterlichen Dienst wichtig geworden sind – deshalb möchte ich sie als Erfahrungsfragmente weitergeben.

Armut als Selbstannahme

Christliche Armut bedeutet zunächst einmal Annehmen der eigenen Grenzen, Eingestehen von Abhängigkeiten. Das kann weh tun, weil solche nüchterne Einsicht oft dem Bild widerspricht, das ich gern von mir selbst entwerfe. Solches Armsein zeigt sich dann etwa im Zurückbleiben hinter Idealen, im schmerzlichen Erfahren von Lücken in meinem Persönlichkeitsbild, im Eingestehen von Stimmungen, die mich umtreiben oder lähmen, im Erkennen von Kommunikationsstörungen.

In den Jahren meiner eigenen Priesterausbildung hat man uns empfohlen, von Zeit zu Zeit eine Auflistung aller Beziehungen, Gegenstände, Erfahrungen zu erstellen, auf die wir nur schwer oder gar nicht verzichten könnten, von denen wir irgendwie abhängig sind, und nach dem Grund dafür zu fragen ... Solche Eingeständnisse sind erschreckend und hilfreich zugleich: erschreckend, weil sie mich entblößen und Gewohnheiten in Frage stellen, hilfreich, weil sie Grenzen in den Blick rücken, die ich nur überschreiten kann, wenn ich sie nüchtern erkenne. Aber nur so gewinnt Armut, die stets eine materielle *und* geistliche Dimension umfaßt, etwas Befreiendes, und der erste Schritt zur Lösung von Abhängigkeiten besteht darin, daß ich um sie weiß und mir nichts vormache.

Manche priesterliche Identitätskrise hat meines Erachtens ihre Wurzel darin, daß man sich solche »Verhaftungen« nicht eingestehen kann und gar nicht mehr spürt, wie Wunschdenken und Wirklichkeit immer mehr zu Gegensätzen werden. Das kann bis dahin gehen, daß z. B. die priesterliche Ehelosigkeit als eine Form von solidarischer Armut mit den im Leben zu kurz Gekommenen begründet wird und ich gar nicht mehr spüre, wie viele Kompensationsformen diese Behauptung in Frage stellen: vom liturgischen Geltungsdrang über narzißtische

Wehleidigkeit bis zum scheinbar selbstverständlichen Lebensstandard etwa in Form häufiger Reisen (»... man gönnt sich ja sonst nichts ...«).
Andererseits ist die Annahme eigener Begrenztheiten gleichzeitig schon eine Öffnung auf den Anspruch und die Zusage Jesu hin. Das wird am deutlichsten in der Eucharistie, jener Feier, die das Leben des Priesters am auffälligsten prägt. Von daher erfahren die Überlegungen zur eucharistischen Lebenskultur in der Verbindung mit dem Gedanken der christlich motivierten Armut nochmals eine Intensivierung.

Armut als eucharistische Lebenskultur

»Der backt auch nur kleine Brötchen«, heißt es in der Umgangssprache, wenn wir einem Menschen wenig zutrauen. Das wird im Leben des Priesters auf eine ganz radikale Weise stimmig: Ich habe als Priester tatsächlich oft nichts anderes in der Hand und nicht mehr zu verteilen als kleine Brötchen – aber genau dieses gebrochene, zerteilte Brot ist in der Eucharistiefeier *die* Kommunikationsform Jesu! Da wird *seine* Armut greifbar, in der er sich verschenken will – im Unauffälligen, Unscheinbaren. Halte ich als Priester diese Armut aus, kann ich sie als spezielle Form eucharistischer Lebenskultur in mein alltägliches Verhalten übersetzen, oder unterlaufe ich sie durch verschiedenste Formen der Selbstdarstellung? Letztlich steckt dahinter die Frage, ob ich diesen Weg Jesu, den Weg in die Niedrigkeit, ins Unscheinbare hinein (vgl. Phil 2,6–11) als mein eigenes Lebensgesetz akzeptiere oder nicht.
Ich frage mich manchmal, ob der Vorwurf, die Kirche strebe nach Macht, nicht von da her kommt: daß man am Leben ihrer Diener nicht mehr deutlich genug diese Orientierung am Weg Jesu ablesen kann, dem Weg, sich

auf geringe und unauffällige Weise zu verschenken. Gefordert ist in der eucharistischen Lebenskultur des Priesters deshalb immer wieder neu eine Form persönlicher Mystagogie, die den Vollzug des Gottesdienstes transparent macht auf die verschiedensten Situationen hin. Ist mir z. B. bewußt, daß die Zelebrationsgeste der erhobenen, geöffneten Hände Hilflosigkeit (»Hände hoch!«) sowie Bereitschaft zum Empfangen und Weitergeben in *einer* unauflösbaren Verbindung bedeutet, mithin Eingeständnis eigener Armut und zugleich Offenheit zum Beschenktwerden ausdrückt? Akzeptiere oder verdränge ich diese Grundsituation in meiner konkreten Lebensgestaltung? Oder: bin ich mir bewußt, daß das gebrochene Brot in der Eucharistie *auch* die Bruchstückhaftigkeit meines eigenen Lebens und Tuns bedeutet, in dem sich dennoch Jesus verschenken will, indem er seine Gegenwart an mein begrenztes Handeln bindet? Kann ich als Priester täglich neu aus dieser verwandelten Kraft leben, aus dem Wissen, daß Armseliges, Unvollkommenes in die Gegenwart Jesu hineingenommen wird?
Ich habe manchmal das Gefühl, daß z. B. die Schwierigkeiten mit der täglichen Eucharistiefeier in Priesterseminarien nicht so sehr in der Bequemlichkeit einzelner liegen, sondern in einem unterschwelligen (menschlich fast verständlichen) Verdrängen dieses Anspruchs Jesu, der sich in den »kleinen Brötchen« alltäglicher Beschränktheit verschenkt und diese Kommunikationsform auch noch seinen Dienern zumutet. Für uns, die wir auf »Selbstverwirklichung« getrimmt sind, erscheint diese Form des Eingestehens von Armut, um Freiräume für das Reicherwerden im Glauben zu schaffen, fast unzumutbar – kein Wunder, daß sich Abwehrmechanismen verschiedenster Art einstellen!

Armut als Öffnung zur Gemeinschaft

Eines der Grundanliegen heutiger Priesterausbildung heißt mit Recht: Erziehung zur *Kooperationsfähigkeit*. Aber was hat das mit christlicher Armut zu tun? Sie wird zunächst darin spürbar, daß solche Zusammenarbeit als glaubensbezogene Lebensform immer schon mehr ist als eine bloße pastorale Technik, damit »es« besser läuft und klappt; sie bedeutet zwar ein ganz persönliches Sich-Einbringen, aber genauso bringt sie auch ein Aufgebenmüssen von eigenen Ideen und das Sich-Zurücknehmen mit sich. Das kann wieder sehr schmerzlich sein, weil es dabei fast zwangsläufig zu spannungsreichen Auseinandersetzungen kommt. Aber ich denke: Wer nicht konflikt-, konsens- und kooperationsfähig ist, der wird im christlichen Sinn auch nicht armutsfähig, weil er sich der Erfahrung verweigert, wie Empfangenkönnen Weggeben voraussetzt und einfordert.

Auf den priesterlichen Dienst bezogen, heißt das konkret: Stelle ich vorrangig Ansprüche oder lasse ich mich beanspruchen? Das Letztere muß aber die Form der Verfügbarkeit annehmen – das heißt: Ich muß auf die Situation der Menschen eingehen, eine Sensibilität für ihre Sorgen und Hoffnungen entwickeln. Genau da aber nimmt Armut als Zurücktreten hinter sich selbst und Öffnung auf die Gemeinschaft hin die Form des Gehorsams an: Solcher Gehorsam hat mit Hören, Ge-hören zu tun – anders gesagt: Spüre ich, was die Menschen bewegt – erspüre ich Situationen, kann ich auf Fragen hin-hören, oder stülpe ich Gemeinden und Gruppen vorfabrizierte Pastoralmodelle über bzw. verabsolutiere meine eigenen Charismen, weil ich mich nicht zurücknehmen und mein Handeln an anderen Erfordernissen orientieren kann? Was nützt z. B. ein vom Pfarrer selbst hervorragend gestalteter Gemeindebrief, der von Ideen des Seelsorgers nur so strotzt, wenn die Zeit dafür bei den Kran-

ken eingespart wird? Werden in solchen Situationen nicht allzu leicht tiefsitzende »Berührungsängste« verdrängt, deren Eingestehen auch schon eine Form christlicher Armut wäre?
Um einem möglichen Mißverständnis vorzubeugen: Damit wird gerade bei abnehmenden Priesterzahlen nicht dem »geistlichen Alleskönner« das Wort geredet. Armut als Eingestehen von Grenzen muß gerade in der Öffnung auf Gemeinschaft hin die Form von Prioritätensetzung annehmen. Dafür gilt, was Gisbert Greshake so umschreibt: »Orientieren wir uns an Jesus! Hat er denn alle Krankheiten geheilt, alle Hungernden gespeist, alle Armen getröstet, alle Menschen aus ihrer Einsamkeit befreit und in seine Gemeinschaft gerufen? Auch er hat nicht alles getan, er hat ›nur‹ Zeichen gesetzt, glaubwürdige Zeichen der Hoffnung dafür, daß das, was jetzt in kleinen, bescheidenen Anfängen aufleuchtet, einmal universal Wirklichkeit werden wird, wenn Gott selbst sein Reich herbeiführt. Wenn der Herr also selbst nicht alles getan hat, warum meinen wir dann, alles machen zu können und zu müssen? Hier liegt nicht nur ein pastorales, sondern ein zutiefst geistliches Problem.«[2]
Dieses Problem besteht genau darin, daß im Sinne christlicher Armut »weniger« oft »mehr« bedeuten kann – oder, auf den priesterlichen Dienst gewendet: »Wichtiger ist es, an wenigen Punkten ganz und ausstrahlend da zu sein, als an allen Punkten eilig und halb.«[3] Ich kann es, wenn ich mich in solcher Armut, die zu Entscheidungen zwingt, von Jesus bejaht weiß.
Diese Gedanken konnten und wollten nur Schlaglichter auf eine viel größere Wirklichkeit sein. Der tiefste Grund christlicher Armut wie auch der bleibenden Hilfsbedürftigkeit des Priesters liegt jedenfalls darin, daß im eigenen Sich-Zurücknehmen der entscheidende Durchblick möglich wird: »Diesen Schatz tragen wir in zerbrechlichen Gefäßen; so wird deutlich, daß das Über-

maß der Kraft von Gott und nicht von uns kommt« (2 Kor 4,7). Armut im christlichen Sinn ist nie Selbstzweck, sondern Ausdruck des Glaubens: Im Vertrauen auf Gott kann ich mich so auf ihn verlassen, daß Los-lassen möglich und sinnvoll wird.

Anmerkungen

[1] F. Kamphaus, Die Armut; in: J. Bours/F. Kamphaus, Leidenschaft für Gott, Freiburg/Basel/Wien 1981, 12–120, hier: 87f. Vgl. auch L. Schwarz, Anfragen an den priesterlichen Lebensstil, in: Deutsche Bischofskonferenz (Hrsg.), Priesterliche Lebensform, Bonn 1984, 112–114.

[2] G. Greshake, Als Priester geistlich leben; in: Pastoralblatt 39 (1987), 204–211 und 235–244, hier: 240.

[3] W. Breuning/K. Hemmerle. Wie als Priester heute leben? Versuch einer geistlichen Ortsbestimmung, in: PWB-Sonderdrucke Heft 18, Freiburg i.Br. 1982, 9. Wichtige Hinweise zu diesem Gedanken finden sich bei H. Schürmann, Gottes Wille im Tagwerk, in: Ders., Die Mitte des Lebens finden, Freiburg/Basel/Wien 1979, 64–86.

Ehe und Ehelosigkeit – zwei Wege der Liebe Gottes

Wenn Priesteramtskandidaten zu Diakonen geweiht werden, legen sie vorher das Versprechen der Ehelosigkeit ab. Im Gespräch mit den verschiedensten Menschen begegnet mir häufig die Frage: Warum hält die Kirche für ihre Priester am Zölibat fest? Ist dieses Versprechen nicht lebens-, zumindest aber ehefeindlich? So verständlich die Frage klingt, so wenig trifft sie den Kern der Sache. Ich versuche immer zu antworten: Ehe und Ehelosigkeit sind keine Gegensätze – es geht vielmehr um zwei Lebensweisen, in denen Gottes Liebe greifbar wird und die einander brauchen, weil jede unter einem bestimmten Gesichtspunkt deutlich macht, wie Gott in der Welt wirkt.[1]

Gottes Liebe ist konkret

Die eine Erfahrung geht davon aus, daß Gottes Liebe konkret ist und den Menschen ganz persönlich erreicht, weil sie nichts Anonymes darstellt. Dies zeigt sich schon in der Taufe, wo auf verschiedenste Weise (am auffälligsten in der Namensgebung) spürbar wird, daß Gottes Fürsorge jedem einzelnen gilt. Ähnliches läßt sich für die *Ehe* sagen. Man kann dabei das Wort »Trauung« ganz einfach so übersetzen: Da zeigt sich, daß Gott menschliche Zuneigung und Liebe ernst nimmt, indem er es Menschen zu-traut, in der Gemeinschaft von Ehe und Familie lebenslang ganz persönliche »Übersetzungshelfer« seiner Treue zu sein. Gott zieht von sich aus diese Treue nie zurück, weil es ein Kennzeichen seiner Liebe ist, daß er den Menschen nicht fallenläßt, sondern ihm immer neu Umkehr ermöglicht. Wenn Mann und Frau sich bewußt im Glauben aneinander binden, nimmt Gottes Liebe sehr persönliche Züge an, bis dahin, daß diese beiden Menschen einander bis ins Intimste hinein bejahen. Genauso ist es ein Kennzeichen dieser Lebensgemeinschaft aus der Bindung an Gott heraus, wenn Ehepartner auch durch Spannungen und Konflikte hindurch einander immer wieder Umkehr und einen neuen Anfang ermöglichen. Im Eheversprechen wird Gottes Liebe also unter dem Gesichtspunkt greifbar, daß er den konkreten Menschen als unverwechselbare Person mit allen Eigenschaften bejaht und sich unwiderruflich an ihn bindet. (Hierin liegt auch die Begründung für die Unauflöslichkeit christlicher Ehe.)

Gottes Liebe ist offen

Man kann Gottes Liebe noch unter einem anderen Gesichtspunkt sehen: Sie bejaht jeden Menschen, macht aber nicht beim einzelnen halt, sondern ist offen für alle. Unter diesem Aspekt hat Gottes Liebe immer auch etwas Grenzen-loses an sich: Sie überschreitet den persönlichen Bereich auf Gemeinschaft in Kirche und Welt hin. Auch das muß auf menschliche Weise greifbar werden – und ich meine, hier liegt der Ansatz für das Verständnis christlich gelebter *Ehelosigkeit.* Wenn Jesus unverheiratet war, dann bestimmt nicht aus Verachtung der Ehe, sondern eben um über die Zuwendung zum konkreten Menschen hinaus gleichsam das *»Beziehungsnetz einer universalen Liebe«* zu knüpfen, die den einzelnen in die große Gemeinschaft aller vor Gott mit einbezieht. Aber auch hier braucht es Menschen, die diesen Dienst Jesu zeichenhaft vorleben. Wenn z.B. das Tun des Priesters als »Dienst an der Einheit« bezeichnet wird, dann nicht zuletzt deswegen, weil an seiner Lebensform die Offenheit Gottes auf die vielen, ja auf alle hin deutlich werden soll. Und die Einbindung des Zölibatsversprechens in die Diakonenweihe verweist darauf, daß es sich dabei nicht um einen Rückzug in die private Innerlichkeit handelt, sondern um eine Lebensform, die auf Gemeinschaft hin bezogen ist.

Ja zum Leben

Es wird deutlich: Christliche Ehelosigkeit hat nichts mit *Beziehungslosigkeit* zu tun; sie soll sich vielmehr gerade dadurch auszeichnen, daß sie im Dienst person- und lebensübergreifender Verbindungen steht.[2]. Christliche Ehelosigkeit ist auch das Gegenteil von *Lieblosigkeit*: Als Lebensform, die auf eine ganz bestimmte Weise Gottes grenzüberschreitende Liebe bezeugt, ist sie sogar notwendig – indem sie hilft, Not zu wenden, die oft genug in der Beschränkung auf sich selbst, auf Einzelinteressen und auf den Bereich des Privaten besteht. Natürlich müssen sich Priester und Diakone in ihrer Lebensgestaltung immer auch kritisch daran messen lassen, ob ihr Dienst als »Leben in grenzüberschreitender Offenheit« im Alltag hinreichend als Verfügbarkeit für die Gemeinden deutlich wird.

Man könnte und müßte zur Begründung christlicher Ehelosigkeit natürlich noch viel mehr anführen, als hier möglich ist – vor allem etwa den Gedanken, daß diese Haltung keine Weltverachtung darstellt, sondern aus einer tiefen *Weltbejahung* heraus lebt, die damit Ernst macht, daß unser Leben über alle sichtbare, aber begrenzte Erfüllung in menschlicher Gemeinschaft hinaus (»... bis der Tod euch scheidet«, heißt es im Eheversprechen) auf ein *Mehr* hin angelegt ist. Dieses gründet in der Erfahrung, daß Gottes Liebe auch da nicht haltmacht, wo menschliche Erfüllung an ein Ende kommt. Gerade dieses Zeugnis, daß Gott mit der Welt mehr vorhat, läßt glaubhaft gelebte Ehelosigkeit zum zeichenhaften Offensein für diesen »Sinnüberschuß Gottes« werden.

Zwei Grundformen der Teilhabe

Aber es sollte hier vor allem deutlich werden: Ehe und Ehelosigkeit sind zwei Grundformen des Zeugnisses für Gottes Liebe, die aufeinander angewiesen sind, weil jeder Christ seinen Glauben immer nur als *Teilhabe* an der Sendung Jesu lebt. Das bedingt zweierlei: Einmal das Wissen, daß unser Glaube bruchstückhaft ist und keiner das Ganze für sich beanspruchen kann – jede der beiden Lebensformen braucht deshalb *Ergänzung* durch die andere: Der Verheiratete braucht das Zeugnis des Ehelosen, damit zu spüren ist, wie Gottes Liebe über das persönliche Leben hinausgeht. Umgekehrt ist der Unverheiratete in seiner Lebensform auf das Zeugnis christlicher Ehe angewiesen, in der deutlich wird, daß Gott sich konkret bindet und seine Zuwendung zur Welt in zwischenmenschlicher Liebe erfahrbar macht. (Diese Verwiesenheit kann z. B., wenn sie ernst genommen wird, den Priester davor bewahren, in seinem Dienst an der Einheit von den konkreten Problemen und Lebensbedingungen der Gemeinde »abzuheben«.) »Teilhabe« bedeutet aber noch mehr, nämlich etwas grundlegend Positives: daß Ehe und Ehelosigkeit je eigene Lebensweisen sind, die Anteil an Gottes Für-Sorge für die Welt und an Jesu liebendem Einsatz für die Menschen geben, daß ich also in der einen wie in der anderen Form wirklich sicher sein darf, in Verbindung mit Gott zu stehen.
Ein junger Mensch, der als Christ vor einer solchen Lebensentscheidung steht, darf also nicht in falsche Gegensätze hineinmanövriert werden. Die Frage muß vielmehr heißen: Welchen Weg im christlichen Leben will Gott

mit *mir* gehen? Weisen meine Fähigkeiten, Gefühle und Neigungen auf einen Lebensstil hin, in dem Gottes Liebe in der Bindung an einen ganz bestimmten Menschen deutlich wird, oder will er mich als Zeugen seiner grenzüberschreitenden Offenheit in Dienst nehmen? Soll durch mich Gottes Ja zur Welt in Form der persönlichen Liebe greifbar werden oder im Dienst einer umfassenden Einheit? In *beidem* kommt Gott zum Vorschein; ich betone deshalb gerade im Gespräch mit suchenden jungen Menschen immer wieder, daß ein eheloser Priester im Grund genauso Eigenschaften mitbringen muß, wie man sie von einem Ehemann und Vater verlangt – er bringt sie nur anders ein.[3]

Gott kennt keine Bindungsangst

Ein letztes noch: Schmerzliches Kennzeichen unserer Zeit ist eine weitverbreitete *Bindungsangst.* Nicht nur am Priester- und Ordensberuf Interessierte kennen die Frage: Kann ich diese Entscheidung ein Leben lang durchhalten? Diese Angst haben genauso die Jugendlichen, die sich Gedanken um das Zusammenleben in der Ehe machen und angesichts alarmierender Beispiele skeptisch sind, ob lebenslange Treue denn überhaupt möglich ist. Christliche Ehe und Ehelosigkeit können demgegenüber zeigen, daß solcher Sinnpessimismus nicht das letzte Wort haben muß: Sie können neu Mut machen, indem sie in aller Eigenheit des jeweiligen Zeugnisses auf die gemeinsame Grundlage im Glauben verweisen – daß der Christ keine Bindungsangst zu haben braucht, weil Gott sich in Jesus unwiderruflich an sein Leben bindet, sei es auf diese oder jene Weise.
Solches Wissen um Gottes helfende Nähe macht fähig, auch widerständige Erfahrungen zu erkennen und zu benennen. Das erfordert jedoch die Bereitschaft zum Hö-

ren aufeinander und zum offenen Austausch von Lebenserfahrungen. Die Feststellung von Eberhard Schokkenhoff ist nur zu unterstreichen: »Ohne das ehrliche Reden über die Bedrohungen und Wandlungen, die das irreversible Fortschreiten der Zeit in jeden Lebensentwurf hineinträgt, bleibt das Ideal eines ehelosen Lebens ebenso wie das ehelicher Treue jedoch lebensleer und spannungslos ... Beide Lebensweisen lassen sich in einer kritischer gewordenen kirchlichen Öffentlichkeit nur noch glaubwürdig vertreten, wenn neben dem Glück und der Freude, die Menschen in ihnen finden, auch die Wunden und Narben gezeigt werden, die das Leben ihnen darin abverlangt. Solange die Kirche davon überzeugt ist, daß Ehe und Ehelosigkeit als biblische Lebensformen im Blick auf das Reich Gottes sich gegenseitig entgrenzen und ergänzen, hat sie keinen Grund zum Mißtrauen, wenn verheiratete und ehelose Christen die Erfahrungen, die sie in ihrer Lebensform machen, unbefangen zur Sprache bringen.«[4]

Anmerkungen

[1] Vgl. dazu die noch immer aktuellen Gedanken über die Zuordnung von Ehe und zölibatärem Priestertum bei H. Volk, Formen christlicher Existenz, Mainz 1980, 44–85.

[2] K. Demmer, Zumutung aus dem Ewigen. Gedanken zum priesterlichen Zölibat, Freiburg/Basel/Wien 1991, 36ff.

[3] Interessante Hinweise auf diese Verbindung finden sich bei J. Bours, Die Ehelosigkeit um des Reiches Gottes willen, in: J. Bours/F. Kamphaus, Leidenschaft für Gott, Freiburg/Basel/Wien 1981, 24–71, bes. 56f.

[4] E. Schockenhoff, Der gegenseitige Dienst aneinander. Zur komplementären Lebensform von Priestern und Laien in der Kirche, in: K. Hillenbrand/M. Kehl (Hrsg.), Du führst mich hinaus ins Weite. Erfahrungen im Glauben – Zugänge zum priesterlichen Dienst, Würzburg 1991, 163–180, hier: 180.

Grundlinien des Gehorsams

Das Gehorsamsversprechen gegenüber dem Bischof bei der Diakonen- und Priesterweihe weckt schon im Vorfeld immer wieder kritische Anfragen, mitunter sogar ängstliche Bedenken: Ist so etwas zumutbar? Bleiben dabei nicht eigene Meinung und persönliche Freiheit auf der Strecke? Mit welchem Recht kann die Kirche dieses Versprechen überhaupt einfordern?

Verfügbares Hinhören

Nun lassen sich übertriebene Ängste gewiß wenigstens teilweise aus dem Blick auf das »Berufsbild« des Diakons und des Priesters abbauen. Wer diese Tätigkeit übernimmt, muß ja gerade bereit sein, sich auf Situationen einzulassen, die Einfühlungsvermögen und Verantwortungsbewußtsein erfordern und ein bestimmtes Urteilsvermögen voraussetzen: etwa in der Art und Weise des Zugehens auf die verschiedensten Menschen in einer Pfarrei, bei der »Umsetzung« des Wortes Gottes in die Alltagssprache der Verkündigung hinein, im Motivieren und Begleiten unterschiedlich geprägter Mitarbeiterinnen und Helfer; überhaupt im Eingehen auf Fragen und Nöte, wie sie in einer Gemeinde täglich erfahrbar werden. All dies setzt ganz grundlegend ein *Hinhörenkönnen* voraus[1], eine Verfügbarkeit für Menschen und Situationen, die schon sehr viel mit *Gehorsam* zu tun hat: nämlich mit Gehorchen als Hin-horchen auf die konkreten Umstände, in denen Gott meinen ganz persönlichen Einsatz fordert.

Notwendig ist also zunächst eine vom Glauben geprägte Wahrnehmungsfähigkeit für die »Zeichen der Zeit«. Von daher aber ist Gehorsam nie etwas Passives oder gar

Blindes, sondern eine Haltung, die Aktivität und Initiative geradezu fordert.
Entscheidend jedoch ist: All das vollzieht sich in einer Haltung, die nicht auf ichbezogene Selbstverwirklichung getrimmt ist, sondern die vielmehr von sich ab-sehen kann, weil sie Gott und die Menschen in den Blick nimmt. Dies bedeutet (bei allen Spannungen, die zugegebenermaßen dabei auftreten können) eben kein Aufgeben der Eigenpersönlichkeit: Im ausschauenden Gehorchen eröffnen sich vielmehr neue Beziehungen und Lebensräume, die dem Selbstgenügsamen verschlossen bleiben.
Gehorsam schafft also zunächst Glaubensbeziehungen und lebt aus dem Wissen, daß ich zu Gott ge-höre, der mich immer neu auf den Weg zu den Menschen schickt.[2] Nur aus diesem Grundwissen heraus ist kirchlicher Dienst, ist speziell auch Priestersein überhaupt möglich.

Gottes Wille in der Kirche

Zu Gott gehören – das wird aber nie allein in der »direkten« Glaubensbeziehung (wie z. B. im persönlichen Gebet, das ja zuallererst vom Hin-Hören auf Gott lebt) spürbar: Christsein ist, wenn es Jesus wirklich ernst nimmt, immer auf die Gemeinschaft der Kirche angewiesen. Es gehört zu den Grundkennzeichen des Wirkens Jesu, daß er Gemeinschaft herstellt – nur in diesem *»Miteinander«* gelingt die Orientierung auf das hin, was Gott von uns will. Auf den Gehorsam bezogen: Engagierter Glaube, Dienst in der Kirche, benötigt die tägliche Verfügbarkeit und macht Ernst damit, daß Gottes Wille menschlich vermittelte Übersetzung in mein Leben hinein braucht.
Dabei ist jedoch wichtig: Der Bischof fordert bei der Diakonen- und Priesterweihe diesen Gehorsam als verfüg-

bare Bereitschaft nicht für sich selbst – er beansprucht diese Verfügbarkeit vielmehr aus seiner Aufgabe heraus, durch den »Dienst an der Einheit« in seiner Ortskirche, in der es Menschen mit unterschiedlichsten Eigenschaften, Begabungen und Defiziten gibt, Raum für das ganz persönliche »Ankommen« der Botschaft Jesu zu schaffen. Daß dabei Mitsprache und Einbringen eigener Ideen nicht mit »Beliebigkeit« zu verwechseln sind, leuchtet ein – genauso, wie es wichtig ist, daß ein Bischof, der das Gehorsamsversprechen entgegennimmt, seinerseits »hinhört« und auf diese Weise erspürt, wo die unverwechselbare Person jedes Mitarbeiters im Priester- und Diakonamt ihren sinnvollsten Platz findet.
Überhaupt sollte in diesem Zusammenhang nicht vergessen werden, was der 1978 verstorbene Münsteraner Bischof Heinrich Tenhumberg zum Thema »Gehorsam des Bischofs« ausgeführt hat: »Der Bischof muß auf die Gnadengaben, auf die geistlichen Erfahrungen und Einsichten achten, die der Geist Gottes bei den Gläubigen weckt. Darum gehört der Kontakt mit den Orden und geistlichen Gemeinschaften, mit den Mitbrüdern im Priesteramt, mit den Mitarbeitern im kirchlichen Dienst und nicht zuletzt mit den verantwortlichen Laien in den einzelnen Gemeinden oder in den kirchlichen Verbänden zu den alltäglichen Aufgaben eines Hirten.«[3]

Persönliche Ortsbestimmung

Gehorsam ist also keine Einbahnstraße. Gehorsam kann – auch das wurde deutlich – nie anonym sein; eben deshalb trägt der Leitungsdienst des Bischofsamtes stets auch die Züge ganz persönlicher »Übersetzungsarbeit« des Anspruchs Jesu auf den einzelnen Priester und Diakon, ja auf das ganze Bistum hin. Dadurch wird deutlich, daß das Gehorsamsversprechen an den Bischof für diesen nicht etwa ein Privileg darstellt, sondern ihn aus dem Innersten seiner Aufgabe heraus selber in Pflicht nimmt. Daß der Nachwuchsmangel an geistlichen Berufen die damit verbundenen Entscheidungen nicht leichter macht, ist offenkundig; aber gerade in dieser Situation, die alle Bemühungen herausfordert, kann die Bindung an den Bischof deutlich machen, daß pastorale Verfügbarkeit, die letztlich aus dem Hinhören auf Gott und der Zugehörigkeit zu Jesus Christus kommt, auf menschlicher Ebene ihre ganz persönliche »Ortsbestimmung« in der Kirche braucht und nicht einfach im zweckgebundenen Aufteilen von seelsorglicher Mehrarbeit besteht. Gerade in der Ausrichtung auf den Bischof sehe ich die Chance, das Gehorsamsversprechen von dem Verdacht zu befreien, hier werde der einzelne von einer anonymen Institution »vereinnahmt«. Kirchlicher Gehorsam ist eben weitaus mehr als die Einsicht, daß auch in einer Glaubensgemeinschaft Kompetenzen und Aufgaben sinnvoll verteilt sein müssen, damit »der Laden läuft«, so wie jeder Verband für ein funktionierendes Leben »Spielregeln« braucht oder in einer Firma nicht jeder das tun kann, was ihm gerade Spaß macht, sondern sich an einen Organisationsplan halten muß. Solche Vergleiche, wiewohl des öfteren angewandt, greifen zu kurz und verstellen das eigentlich Gemeinte.[4]

Ein Zeichen: »Hand in Hand«

Was kirchliche Verfügbarkeit beinhaltet, macht einmal mehr die *Weiheliturgie* sehr anschaulich, wenn die künftigen Diakone bzw. Priester ihre gefalteten Hände in die geöffneten Handflächen des Bischofs legen. Diese Geste besagt ein Dreifaches: Zum einen die Bereitschaft des Weihekandidaten zur *Bindung an die konkrete Kirche,* die durch den Bischof vertreten wird und ihre unverwechselbaren Züge hat. Die offenen Hände des Bischofs deuten dagegen zunächst die Voraussetzung an, unter der solche Verbundenheit überhaupt nur lebbar ist, ohne durch lähmende Bindungsangst behindert zu werden: Sie symbolisieren den *Raum der vertrauensvollen Annahme und des Gehaltenseins*, der nötig ist, damit Gehorsam wirklich »Zugehörigkeit« ausdrückt und Gemeinschaft bewirkt. Noch mehr aber sind die geöffneten, *leeren* Hände des Bischofs ein ganz entscheidender Hinweis auf den eigentlich tragenden Grund und das Ziel des übernommenen Dienstes: Diese leeren Hände deuten darauf hin, daß *die entscheidende Erfüllung* nicht mit menschlichen Mitteln machbar ist, sondern im letzten nur Geschenk sein kann, das anderswoher kommt: *»Gott selber vollende das gute Werk, das er in dir begonnen hat«* – treffender als durch den Satz, mit dem der Bischof das Gehorsamsversprechen bestätigt, läßt sich nicht ausdrücken, worauf kirchliche Verfügbarkeit letztlich ausgerichtet ist: darauf, daß Gott zu Wort kommt, indem er Menschen beim Wort nimmt.

Anmerkungen

1 Zum Kontext und seiner biblischen Begründung im Blick auf den Priesterberuf siehe J. Ratzinger, Diener eurer Freude. Meditation über die priesterliche Spiritualität, Freiburg/Basel/Wien 1988, 73–83.

2 Vgl. dazu G. Greshake, Gottes Willen tun. Gehorsam und geistliche Unterscheidung, Freiburg/Basel/Wien 1984, bes. 44–53.

3 H. Tenhumberg, Priesterlicher Gehorsam, in: Zur Pastoral geistlicher Berufe 16 (1978), 54–56, hier: 55.

4 Siehe in diesem Zusammenhang die Überlegungen von H. Geist, »Erfüllt als Sklaven Christi von Herzen den Willen Gottes!« (Eph 6, 6), in: Dt. Bischofskonferenz (Hrsg.), Priesterliche Lebensform, Bonn 1984, 142–150, bes. 147 ff.

IV. Konkretionen

Priester und Laien im Dienst an der Glaubensverwirklichung

Wir sind es inzwischen gewohnt, vom *Priestermangel* zu sprechen. Sicher ist die Sorge um das Nachwachsen geistlicher Berufe eines der drängendsten Anliegen der Kirche, aber es darf dabei nicht übersehen werden, daß sich das Problem längst ausgeweitet hat: Immer deutlicher macht sich in den verschiedensten Lebensbereichen nämlich ein ganz grundlegender *Christenmangel* bemerkbar. Er zeigt sich nicht zuletzt darin, daß vom Glauben getragene Wertvorstellungen in der Öffentlichkeit ebenso wie in der privaten Lebensgestaltung nicht mehr selbstverständlich oder gar allgemein verhaltensprägend sind.

Nun war Selbstmitleid noch nie eine christliche Tugend; bloßes Klagen über den »Zeitgeist« führt gewiß nicht weiter. Christliche Überzeugungen wachsen nur durch das gelebte Zeugnis. Es kommt deshalb in dieser Situation eines herausgeforderten Christseins alles darauf an, Glaubenszeugen zu gewinnen, deren ganzes Verhalten sichtbar macht, daß durch die Verbindung mit Jesus das Leben gelingt und sinnvoll wird. Um diesen *Grundauftrag* des Christseins geht es zuallererst – und es wäre gefährlich, sich darüber in innerkirchliche Positionskämpfe zu verstricken, indem man etwa in offenem oder unterschwelligem »Standesdenken« Laien und Priester gegeneinander ausspielt. Der Satz aus der Bischofssynode von 1987 kann nicht genug unterstrichen werden:

»Alle Christen – Laien, Kleriker und Ordensleute – haben dieselbe Würde. Wer Taufe, Firmung und Eucharistie empfängt, verpflichtet sich, Christus zu folgen und ihn mit dem ganzen Leben – auch in Arbeit und Beruf – zu bezeugen. Diese persönliche und gemeinschaftliche Nachfolge ist besonders getragen von den Gaben, die Gott den einzelnen zum Wohl aller schenkt.«[1]

Viele Dienste, ein Geist

Gleichheit bedeutet freilich nicht, daß alle das gleiche tun – dies wäre das Ende einer lebendigen Vielfalt des Glaubens. Als Maßstab gilt, was Paulus an die Gemeinde in Korinth schreibt: »Es gibt verschiedene Gnadengaben, aber nur den einen Geist. Es gibt verschiedene Dienste, aber nur den einen Herrn. Es gibt verschiedene Kräfte, die wirken, aber nur den einen Gott: Er bewirkt alles in allen. Jedem aber wird die Offenbarung des Geistes geschenkt, damit sie andern nützt« (1 Kor 12,4–7). Von daher wäre es falsch, zu meinen, die einzelnen Lebensformen des Christseins seien mehr oder weniger »wert«.
Wer z.B. fragt, was der Priester denn »mehr« sei als ein Laie, liegt schon im Ansatz falsch: Vom gemeinsamen Christsein her gibt es keine Höherstellung, wohl aber eine unverwechselbare Berufung. Kardinal Ratzinger hat vor einiger Zeit deutlich betont, wo die Akzente liegen: »Der Priester ist durch seine Beziehung zu den Laien definiert. Er ist dafür da, ihnen zu dienen. Aber der Laie ist nicht durch seine Beziehung zum Priester definiert, er ist nicht dazu da, um dem Priester zu dienen, sondern er lebt in einem viel weiteren Geflecht von Beziehungen. Ein Laie ist ein getaufter Christenmensch, der aktiv sein Christentum in die Hand nimmt, es lebt und in seinem spezifischen Beruf in der Welt, in der er steht als Christ, wirksam vollzieht.«[2]

Priestersein als Dienst an der Einheit

Fragt man nun nach dem Kennzeichen für die *Berufung des Priesters,* so läßt sich auf der Linie des erwähnten Pauluswortes recht sinnvoll und angemessen vom »Dienst an der Einheit« sprechen.[3] Die Einheit, um die es dabei geht, darf jedoch nicht bloß als Sorge um den Zusammenhalt der einzelnen Menschen in der Gemeinde oder als Mühen um die Koordination verschiedener Formen von Mitarbeit in der Pfarrei verstanden werden. Dies alles ist wichtig, aber das Entscheidende liegt dem noch voraus: Dienst an der Einheit meint vor allem und zutiefst, daß der Priester in seinem ganzen Dasein und Tun eine lebendige, bleibende, ja gewissermaßen persönliche Erinnerung daran sein soll, daß die verschiedensten Glaubenszeugnisse ihren einen Grund in Jesus selbst haben (vgl. 1 Kor 3, 11). Er muß darauf achten, daß in allen Einzelvollzügen des Glaubens die Verbindung mit Jesus zur Geltung kommt und bezeugt wird. Deshalb sind dem Priester vor allem solche Handlungen übertragen, in denen diese Einheit mit Jesus ihren Ausdruck findet: vor allem die *Feier der Eucharistie,* wo diese Einheit mit Christus sozusagen »greifbar« wird; das *Bußsakrament,* wo sich in der Feier der Versöhnung die Einheit mit Christus und der Kirche erneuert; die *Gemeindeleitung* als Sorge um die Einheit in einer Vielfalt der Zeugnisse sowie der *Dienst der Verkündigung,* die darauf achtet, daß der Glaube einer Gemeinde immer wieder an Christus Maß nimmt und mit der ganzen Kirche in Verbindung bleibt.

Wachsein mit Jesus

Die Haltung, aus der dieser Dienst an der Einheit zu leben ist, kann kein kleinliches Überwachen sein, sondern heißt: *Wachsein mit Jesus.* Ein Pfarrer ist kein Oberkontrolleur der Gemeinde; er braucht vielmehr zur Erfüllung seiner Aufgabe eine doppelte Sensibilität. Solches Wachsein erfordert einmal eine intensive persönliche Verbundenheit, ein Vertrautsein mit Jesus, damit wirklich ER es ist, der im Dienst des Priesters bezeugt wird und nicht bloß dessen eigene Ansichten und Denkmuster. (Gerade heute haben die Menschen ein feines Gespür dafür, ob einer von Gott redet und in Wirklichkeit sich selber meint.) »Wachsein mit Jesus« erfordert aber genauso das Kennen und Erspüren von menschlichen Situationen, von Nöten und Hoffnungen, von Erwartungen und Fragen, in die hinein Jesu Initiative bezeugt werden muß. Dabei braucht der Priester eine ganz spezielle Art von *»Ansehen«*, das keine Privilegien verschafft, sondern Ausblicke eröffnet: Dieses »Ansehen« des Priesters ist etwas ganz anderes als ein ungewisses Sozialprestige, es ist vielmehr ganz wörtlich zu verstehen und lebt von der in seinem Auftrag begründeten Notwendigkeit, ständig Gott und die Menschen im Blick zu behalten. Man könnte sich dabei auch auf Augustinus beziehen, von dem das Wort stammt: »Für euch bin ich Bischof, mit euch bin ich Christ.« Im Dienst an der Einheit bedeutet dies: *Für* die Gemeinde kann ich als Priester nur dann glaubhaft die Initiative Jesu bezeugen, wenn ich *mit* der Gemeinde Christ bin und selbst jeden Tag neu aus der Umkehr, aus Gottes vergebender Liebe lebe.

Konsequenzen

Solche Nachfolge hat – wieder ganz wörtlich genommen – Konsequenzen. Sie zeigen sich vorrangig im Verhalten des Priesters zu den Mitglaubenden. Gewiß, der Rückgang von Priesterberufen mag äußerer Anlaß für eine vertiefte Besinnung auf den gemeinsamen Auftrag aller

Christen gewesen sein, wie sie im Zweiten Vatikanischen Konzil erfolgt ist – die innere Ursache jedoch liegt in der *einen* Zugehörigkeit zu Christus.
Gerade deshalb wäre es gefährlich, das Engagement hauptberuflicher wie ehrenamtlicher Laien als Konkurrenz zu dem zu sehen, was der Priester tut. Sie sind vielmehr berufene Mitarbeiterinnen und Mitarbeiter am allen gemeinsamen Werk der Glaubensbezeugung.[4] Von daher ist aber auch das in einem bestimmten Redejargon leider üblich gewordene Wort »Amtskirche« unangemessen und falsch, weil es den Blick darauf verstellt, daß es nur *eine* Kirche gibt, in der das Amt seine Aufgabe stets im Gesamtspektrum der Glaubenszeugnisse und nicht getrennt davon wahrnehmen kann, weil es eben als Dienst an der Einheit lebendige Vielfalt voraussetzt und auf sie bezogen ist. Dadurch verliert das Amt nicht etwa an Bedeutung, sondern gewinnt erst sein unaustauschbares Profil.
Gerade die letzte Bischofssynode zu Fragen der Priesterbildung hat nochmals unterstrichen, daß das Amt gerade in seiner unersetzbaren spezifischen Aufgabe immer nur im Blick auf das ganze Volk Gottes zu sehen ist: Das Unterscheidende läßt sich nur in Beziehungsbegriffen ausdrücken. Deshalb kann man auch nie von einer isolierten, in sich betrachteten »Identität« des Priesters sprechen; dieser Dienst ist vielmehr von seinem innersten Wesen her immer schon missionarisch, d. h. Dienst der Beziehung zu Gott und den Menschen, der sich an der Sendung Jesu Christi orientiert und im Auftrag der Kirche vermittelt wird.[5] Diese Perspektiven ins konkrete Miteinander von Priestern und Laien im Dienst an der Glaubensverwirklichung noch stärker einzubringen, ist ein bleibendes Anliegen.

Anmerkungen

[1] Der Laie in Kirche und Welt. Die »Propositiones« der Bischofssynode 1987, in: Herder-Korrespondenz 41 (1987), 569–579, hier: 570.

[2] Joseph Kard. Ratzinger, Interview in: Akademische Monatsblätter 100 (1988), 3.

[3] Vgl. dazu K. Hemmerle, Gerufen und verschenkt. Theologischer Versuch einer geistlichen Ortsbestimmung des Priesters, Leipzig 1986, 129 ff.

[4] H. Volk, Formen christlicher Existenz, Mainz 1980, 86 ff.

[5] Vgl. Nachsynodales Apostolisches Schreiben: »Dabo Vobis Pastores«, Rom 1992, Nr. 11.

Der Dienst des Diözesanpriesters und das Leben der Ordensleute

Die mit der Überschrift verbundene Frage[1] lautet: Gibt es so etwas wie Grundkennzeichen in der Lebensform von Ordensleuten und Diözesanpriestern, und zwar Merkmale, die bei aller Eigenständigkeit der entsprechenden Berufung in ihrer Verwirklichung einander ergänzen und aufeinander bezogen sind, ja in der Kirche als ganzer nur miteinander gelebt werden können? Die Fragestellung wird freilich dadurch nicht einfacher, als es zum einen ein problematisches Unterfangen ist, angesichts der Vielzahl von geistlichen Gemeinschaften mit unterschiedlichster Entwicklung und Zielsetzung von *der* Ordensspiritualität zu sprechen; andererseits gibt es wiederum Querverbindungen in der Entwicklung, so daß das Bild der Männerorden vielfach vom Ordens*priester* geprägt wird, bei dem faktisch eine Überschneidung von Ordensspiritualität und allgemein priesterlicher Lebensform gegeben ist.[2] Umgekehrt ist aber auch das Leben eines Diözesanpriesters auf seine Weise von der Orientierung an den Evangelischen Räten geprägt – besonders deutlich in der übernommenen Ehelosigkeit –, einer Lebensform also, die man beim ersten Hinsehen eher der Ordensspiritualität zuordnen würde.[3] Ein ganz eigenes Problem wiederum wären die Querverbindungen zwischen Orden, Diözesanpriestern und den sogenannten »neuen geistlichen Bewegungen«, die zunehmend entstehen – die Frage, inwieweit z. B. für Ordensleute eine zusätzliche Mitgliedschaft sinnvoll ist und noch dem Ordenscharisma entspricht, hat ihre eigene Brisanz. Trotz all dieser Einschränkungen gibt es aber doch auch Schwerpunkte, von denen der Dienst des Diözesanpriesters und das Leben der männlichen wie der weiblichen

Ordensgemeinschaften grundlegend geprägt sind. Es lohnt sich, diese Akzente einmal näher zu verdeutlichen, weil dabei ebenso Grundlinien des Christseins wie konkrete gegenseitige Glaubenshilfen in den Blick kommen.

Der Dienst des Weltpriesters: Bewahrung der Einheit

Man kann »Kirche unter vielerlei Aspekten sehen. Ich möchte hier nur zwei grundlegende herausgreifen: Kirche lebt davon, daß in ihr der Glaube an Gott *bewahrt* wird und daß sich dieser Glaube stets von neuem im Leben *bewährt.* Bewahrung und Bewährung – das ist zunächst allen Christen durch Taufe und Firmung aufgetragen, aber es gibt doch in beiden voneinander untrennbaren Bereichen spezifische Helfer. Bei der Bewahrung des Glaubens gehört dazu das *Amt,* dessen Träger dazu da sind, in ihrer ganzen Person daran zu erinnern, daß Kirche und damit jede konkrete Gemeinschaft ihren Grund in Jesus Christus selbst hat. Solches Bewahren meint mehr als »Konservieren«: Der Dienst des Priesters z.B. soll immer neu Raum schaffen, daß Gemeinschaft im Glauben als Lebenszeugnis für Christus möglich wird; von dieser Aufgabe her bestimmt sich auch der priesterliche Lebensstil. Diese Sicht kennzeichnet durchgängig die entsprechenden Aussagen des Zweiten Vatikanischen Konzils[4] und wird nochmals in der Würzburger Synode deutlich, etwa wenn es heißt: »Da alle Dienste in der Gemeinde Ursprung und Maß in Jesus Christus haben, müssen sie immer wieder für ihren Auftrag zugerüstet werden. Dies ist die spezifische Aufgabe des Amtes: In Person und Auftrag Jesu Christi (vgl. 2 Kor 5,20) soll es die Gemeinde und ihre Glieder zu ihrem eigenen Dienst bereit und fähig machen, Gemeinden gründen und leiten, der Gemeinde neue Glieder zuführen und

für deren Einheit in Christus Sorge tragen (vgl. Eph 4,12).«[5]
Beim priesterlichen Amt ist es zwar theologisch richtig, wenn betont wird, es sei ein Leitungsdienst *für* die ganze Kirche *in* den einzelnen Gemeinden. Aber in der Praxis kommt doch immer wieder der Vorwurf, durch die Begründung, der Priester *in* der Gemeinde repräsentiere gleichzeitig Christus *gegenüber* seiner Kirche, werde das Amt und mit ihm sein Träger ungebührlich überhöht. Nun, das Konzil betont zunächst, daß das durch Taufe und Firmung gegebene gemeinsame Priestertum aller Gläubigen mit der Übernahme des Amtes nicht erlischt. Wie alle ist auch der Priester ein bleibend Umkehrbedürftiger.[6] Wenn das Zweite Vatikanum dann den priesterlichen Leitungsdienst unter anderem damit begründet, in der konkreten Gemeinde solle eben auf menschliche Weise deutlich werden, daß und wie der Grund allen Glaubens im Handeln Jesu selbst liegt[7], dann kann die Bezeichnung des Priesters als »Amtsträger« auch nur so verstanden werden, daß sie keine soziologische Positionsbeschreibung beinhaltet, sondern vom Theologischen her eine *spezielle Indienstnahme* bezeichnet: nämlich den Anspruch Jesu an seine Kirche öffentlich vorzutragen und erfahrbar zu halten. Ein Priester ist gerade dann ganz *für* die Gemeinde da und lebt voll *in* ihr, wenn er die Menschen durch seine Person auf Jesus verweist, der seiner Kirche *gegenüber*steht und sie immer wieder neu auf den Weg ruft.
Das Amt kann also nichts anderes als stets neu die Initiative Jesu zu bezeugen, die allem menschlichen Tun vorausliegt. Dieser Auftrag setzt aber genauso das Wissen um die Bandbreite menschlicher Situationen voraus, in die hinein Jesu Initiative bezeugt werden muß. Mit Recht betont daher die nach dem Konzil entstandene »Rahmenordnung für die Priesterbildung« die menschliche Reife und Sensibilität zusammen mit dem geistli-

chen Leben (beides ist nie zu trennen!) als wichtigstes Kriterium für ein Hineinwachsen ins geistliche Amt.[8]
Von daher ist aber auch ein Begriff wie *»Autorität«* des Priesters richtig zu deuten, der sonst leicht mißverständlich werden kann: Unter dem Gesichtspunkt von geistlichem Leben und menschlicher Reife kommt »Autorität« von »auctoritas«, wörtlich: Ansehen. Und das hat in diesem speziellen Sinn nur einer, der Gott *und* die Menschen an-sieht, der auf beide hinschaut und so gewissermaßen für die Menschen den »Blickkontakt« herstellt auf Situationen, in denen sie Jesus begegnen können. (Theologisch gesprochen hätten hier die Sakramente der Kirche ihren Platz, auf deren Spendung der Priester ja wesentlich bezogen ist.)
Festzuhalten bleibt: Nirgendwo ist also eine isolierte Betrachtung des »Priesters an sich« erlaubt, sie ist immer nur in seinem Für-Sein möglich (für Christus und die Kirche). Nur aus dieser Sicht sind auch die Thesen von Klaus Hemmerle und Wilhelm Breuning verständlich: »Wichtiger ist, was in mir Christus tut, als was ich selber tue« – »Wichtiger ist Handeln in Einheit als noch so perfektes Handeln in Isolation« – »Wichtiger ist die Offenheit für das Ganze (also für die ganze Gemeinde, fürs Bistum, für die Weltkirche) als noch so wichtige partikuläre Interessen.«[9] In all dem wird der Dienst an der Einheit der Kirche und der Einsatz für Jesus Christus als ihrem letzten Grund höchst konkret eingefordert.

Ordensleben als Bewährungshilfe im Glauben

Glaubensbewahrung ist aber nur dann sinnvoll, wenn sie dazu hilft, daß sich dieser Glaube immer neu *bewährt*. Bewährungsproben des Glaubens gibt es unzählige; sie sind nicht planbar, im Umgang mit ihnen braucht es das Gespür für die »Zeichen der Zeit«, die von

Christus her zu deuten sind. Solche Bewährungsproben besteht auch kein Christ aus eigener Kraft – er braucht dazu das Charisma, die Gabe des Geistes. Diese Bewährungsproben, gerade weil es sich um persönliche Herausforderungen handelt, besteht auch kein Christ allein – er braucht dazu helfende Gemeinschaft.
In all diesen Bemerkungen sind schon so etwas wie »Grundstrukturen« des Ordenslebens zu spüren. Eine Voraussetzung ist freilich dabei wichtig: Daß Orden wie geistliche Gemeinschaften überhaupt für die *ganze* Kirche da sind und in dieser zeichenhaften Verdichtung *die* »Bewährungsprobe im Glauben« miteinander leben wollen, die der ganzen Kirche gegeben und auf-gegeben ist. In diese Sicht lassen sich die verschiedensten Schwerpunktsetzungen im Ordensleben integrieren, die ja allesamt »Bewährungshilfen im Glauben« für die ganze Kirche sind: als apostolische, kontemplative, missionarische und karitative Gemeinschaften, wobei sich die verschiedenen Formen heute mehr denn je mit unterschiedlicher Schwerpunktsetzung durchdringen. Alles sind zeichenhafte Bekundungen des Heils – und aus dieser *Gabe* für die Kirche erwächst auch schon die *Aufgabe*; die Würzburger Synode formuliert das sehr deutlich, wenn es in der Einleitung zum »Beschluß Orden« heißt: »Man erwartet von den geistlichen Gemeinschaften Orientierung in der Frage nach dem Sinn des Lebens, Glaubensermutigung, Hinführung zu Gebet und Meditation, ein Zeugnis brüderlichen Zusammenlebens und Offenheit für die Mitmenschen. Ihr Verhalten zu Besitz, Geschlechtlichkeit, Leistung, Lebensstandard und Karriere soll auf jene Wertordnung hinweisen, die dem Evangelium entspricht.«[10]

Armut – Ehelosigkeit – Gehorsam

Die Bezogenheit des Ordenslebens auf die ganze Kirche läßt sich auch noch unter einem anderen Aspekt aufzeigen: durch das *Leben aus den Evangelischen Räten.* Man sprach früher sogar recht oft und einfachhin vom Ordensleben aus dem »Rätestand«. Diese Bezeichnung legt aber doch zu sehr die Vermutung nahe, das Leben in Armut, Ehelosigkeit und Gehorsam sei ein spezifisches, ja exklusives Kennzeichen der Ordensexistenz. Das Konzil hebt demgegenüber mit Recht hervor, daß die Evangelischen Räte Gaben und Aufgaben für die Kirche als ganze sind, die von den einzelnen Gemeinschaften *für* die Kirche und *mit* ihr zeichenhaft gelebt werden. Hans Urs v. Balthasar spricht in diesem Zusammenhang vom »Besonderen des Allgemeinen«[11].

Was heißt dies für unsere Frage? Ich meine, daß Armut, Ehelosigkeit und Gehorsam der Ordensleute Vorwegnahmen der Entscheidung sind, die jeder Mensch ausnahmslos spätestens im Tod treffen muß: Im Sterben ist jeder arm, weil er, wie schon der Volksmund sagt, nichts an Besitz oder irdischen Sicherungen mitnehmen kann. Im Tod ist jeder, auch der Verheiratete, allein, weil menschliche Bindungen aufhören. Und im Tod wird schließlich jedem Gehorsam abverlangt, weil er sich dann entweder total in die Hand Gottes gibt – oder aber verweigert. Die aktive Hineinnahme dieser Situation in das Leben aus den Evangelischen Räten will zum einen diese von jedem Menschen geforderte Entscheidung stellvertretend bewußt machen, und sie will gleichzeitig aufzeigen, daß ein solches Leben auf eine Erfüllung setzt, die innerweltlich nicht machbar ist, sondern nur in der Haltung des Beschenktseins durch Jesus empfangen werden kann.

Das Gelingen dieser Lebensform wird in Gegenwart und Zukunft entscheidend davon abhängen, inwieweit dieser Stellvertretungsgedanke der Evangelischen Räte für die ganze Kirche, ja für die Welt deutlich und in einer entsprechenden Lebenspraxis der Gemeinschaften ausgeformt wird. Die Menschen müssen spüren: Das ist eine Lebensweise, die auch *meinen* Glauben betrifft, die den Ernst *meiner* eigenen Entscheidung für oder gegen Gott provoziert, weil sie spätestens im Tod zum Ausdruck kommt und radikal eingefordert wird.

Leben in Gemeinschaft

Aber es kommt ein Weiteres hinzu: Kennzeichen der geistlichen Gemeinschaften ist es ja, daß die Evangelischen Räte nicht allein, sondern bewußt *miteinander* gelebt werden; deshalb ist die durchgängige Perspektive des Konzils auch nicht der Einzelne, sondern die Ordensgemeinschaft. Darin steckt zunächst einmal das Eingeständnis menschlichen Unvermögens: Das Evangelium kann in seiner zugespitzten Zeichenhaftigkeit, zu der es – gerade um »Stellvertretung« zu ermöglichen – eine eigene, ganz persönliche Berufung braucht, von keinem allein gelebt werden. Dabei kann nun der Blick auf die Orden insofern hilfreich sein, als an ihnen deutlich wird, daß geistliche Gemeinschaft ganz allgemein einen Lebensprozeß darstellt, in dem es Fortschritte und Rückschläge geben kann, in dem man auf gegenseitiges Tragen und Er-tragen angewiesen ist, der von der Umkehrbereitschaft aller lebt.

Dieser institutionalisierte Gemeinschaftsbezug ist sicher alles andere als einfach, bedeutet aber doch vor allem eine Chance für den Glauben. Anders gesagt: Der Verzicht auf Ehe, Besitz, Einfluß meint ja nicht Beziehungslosigkeit, sondern gerade Ermöglichung von übergreifenden Verbindungen, in denen Jesu Wirken auf neue und überraschende Weise erfahrbar werden soll. Das provoziert freilich immer wieder Fragen an den tatsächlichen Lebensstil und das Erscheinungsbild geistlicher Gemeinschaften, ob sie so beschaffen sind, daß dieses »Beziehungsgeflecht« mit Jesus und der ganzen Kirche auch konkret sichtbar werden kann. Es wäre daher zu kurz gegriffen, wollte man das Leben aus den Evangelischen Räten nur mit einer besseren gesamtkirchlichen oder ordensinternen Verfügbarkeit begründen – das wäre entschieden zuwenig. Es müßte also schon das Ordensleben selbst und nicht erst die Tätigkeit junge Menschen anziehen.[12]

Gegenseitige Hilfen

Die abschließenden Überlegungen zielen auf Möglichkeiten, wie Diözesanpriester oder Ordensleute von ihrer jeweiligen Lebensform her einander helfen können.[13] Nochmals: Es geht mir dabei um spirituelle Hilfen und nicht etwa darum, unter dem Gesichtspunkt des Nachwuchsmangels in beiden Bereichen »Notrufdienste« zu organisieren. Aushilfen allein tun es nicht!

Zunächst also die Frage: Welche geistlichen Hilfen erfährt ein Diözesanpriester durch die Ordensgemeinschaften?

Da ist zuerst einmal der bereichernde Blick auf die *Geschichte der Orden und der geistlichen Gemeinschaften.*[14] Die Beschäftigung damit kann durchaus auch für die Arbeit in der Pfarrei fruchtbar und hilfreich sein. In seinem Dienst an der Einheit in der konkreten Gemeinde ist der einzelne Priester ja immer wieder zur »Unterscheidung der Geister« genötigt, für die er einen weiteren Horizont als nur die »Erfahrung vor Ort« braucht, so wichtig diese auch ist. Die Geschichte geistlicher Bewegungen vermittelt neben vielem anderen den Blick auf die Vielfalt geistgewirkter Zeugnisse und bewahrt in der eigenen Gemeindearbeit davor, Gottes

Geist nur auf bestimmte, einem selbst ins Konzept passende Erscheinungsformen festlegen zu wollen.
Umgekehrt ist die in der Ordens- und Kirchengeschichte belegbare Integrationsgemeinschaft geistlicher Bewegungen in die konkrete Kirche ein Maßstab dafür, ob einzelne Gruppen in der Pfarreiarbeit nur elitäre Zirkel darstellen oder wirklich Gemeinde aufbauen. Nicht zuletzt zwingt der Blick auf die missionarische Dimension in der Ordensgeschichte den Priester in seinem eigenen Dienst dazu, wirklich »katholisch«, umfassend zu denken und bei aller notwendigen Gemeindebezogenheit dennoch immer wieder über den eigenen Kirchturm hinauszuschauen.
Die Ordensgemeinschaften liefern auch eine wertvolle Hilfe in der *Priesterausbildung* (nicht nur deshalb, weil z. B. in vielen Seminarien die Aufgabe des Spirituals von einem Ordenspriester wahrgenommen wird). Dies gilt vielmehr vom Strukturellen her: Die geistlichen Gemeinschaften machen deutlich, daß die Evangelischen Räte als »Lebenszeichen« für die ganze Kirche nur in gegenseitiger Durchdringung gelebt werden können: Ehelosigkeit z. B. ist immer auch eine Form frei gewählter Armut und letztlich auch nur im Gehorsam gegenüber dem erfahrenen Ruf Gottes zu leben.
Da liegt in der Ausbildung unserer Diözesanpriester noch etwas Unabgegoltenes; man hat den Zölibat vielleicht manchmal zu sehr von der Verfügbarkeit des einzelnen für die Gemeinde her motiviert und ihn dadurch von den anderen Räten isoliert. Wenn der Priesterberuf – und ich meine, es ist sinnvoll so – an das Charisma der Ehelosigkeit gebunden bleibt, dann kann und muß der Diözesanpriester von den Bemühungen und Erfahrungen der Ordensgemeinschaften lernen, alle drei Evangelischen Räte in ein Leben aus dem Glauben zu integrieren. Wohlgemerkt: Das kann nicht bedeuten, daß man dem Diözesanpriester eine Ordensspiritualität »unter-

schiebt«. Er kann aber im Blick auf die geistlichen Gemeinschaften Impulse erhalten, um für sein Wirken in Gemeinde und Bistum einen entsprechenden Lebensstil zu entwickeln.[15] Das Ordensleben ist, wie deutlich wurde, von der Grunderkenntnis geprägt: *Glaube braucht Gemeinschaft.* Diese Erfahrung müßte und könnte für den Diözesanpriester immer wieder ein »Stachel im Fleisch« sein: Die Rede von der Vereinsamung vieler Pfarrer trotz einer Vielzahl von Beziehungen in der Gemeinde ist sprichwörtlich. Sie hat gewiß viele Gründe, auf die hier nicht näher eingegangen werden kann. Ist es demgegenüber utopisch, wenn das Konzil nicht nur die Verbindung des Diözesanpriesters mit der konkreten Gemeinde betont, sondern die Gemeinschaft des Presbyteriums im Bistum als gleichwertige Ebene hervorhebt? Diese Ebene ist sicherlich noch sehr pflege- und entwicklungsbedürftig.[16]

Man kann aber auch die Perspektive umkehren und den Dienst des priesterlichen Amtes an den Ordensgemeinschaften betrachten. Der Dienst an der Einheit hat auch die *Sorge um die Ordensleute in einer Pfarrei, einem Dekanat* miteinzubeziehen. Das klingt so selbstverständlich, aber wird es im Leben unserer Gemeinden hinreichend deutlich, wenn in ihnen geistliche Gemeinschaften leben? Wird ihr spezifisches Zeugnis in der Pfarrei gefordert und gefördert? Ich denke da etwa an die Anregung eines Pfarrers, der Schwesternkonvent solle einen Teil seines Offiziums in der Pfarrkirche beten, wozu dann die Gläubigen und vor allem die Jugendlichen eingeladen wurden – aus dem Gemeindeleben ist diese Gebetsgemeinschaft inzwischen nicht mehr wegzudenken. Dies bedingt allerdings auch, daß sich der Priester um die Ordensschwestern kümmert, daß er nicht nur ihre Mitarbeit als solche schätzt (in der Krankenpflege, im Kindergarten, in der Jugendarbeit), sondern sie als Mitarbeiterinnen geistlich ernst nimmt und auch im Rahmen des

Möglichen begleitet. Taucht ein Pfarrer nur dann bei Schwestern und Patres auf, wenn er ein Anliegen hat, ist dies zu wenig – es braucht auch die Atmosphäre »zweckfreien« Zusammenseins. Dabei ist dann durchaus die Möglichkeit gegeben, daß eine Ordensgemeinschaft mit den Sorgen der Pfarrei vertraut wird und nicht beziehungslos und unberührt von konkreten Problemen und Nöten in ihr lebt.
Schließlich denke ich, daß die Hilfe der Diözesen und Pfarreien auch in der *Schaffung von Rahmenbedingungen* liegen kann, unter denen sich Orden und geistliche Gemeinschaften zu entfalten vermögen. Ich meine damit nicht in erster Linie Voraussetzungen materieller Art, sondern viel mehr noch ein Klima menschlich-geistlichen Wohlwollens. Das setzt einerseits die Kenntnis und das Verstehen des spezifischen Ordensauftrages voraus, andererseits das Suchen nach Möglichkeiten, diesem Auftrag im Bistum, im Dekanat, in der Pfarrei zur Entfaltung zu verhelfen. Die Würzburger Synode hat deshalb vorgeschlagen, im Rahmen des Sinnvollen Ordensleute in die entsprechenden Diözesangremien (wie Priesterrat, Pastoralrat, Dekanats- und Pfarrgemeinderat) einzubeziehen.[17] Sicher, Sitzungen allein tun es nicht – aber es kann dabei doch ein Klima gegenseitigen Verstehens für den jeweiligen Auftrag wachsen.
Das alles mögen im einzelnen Mosaiksteinchen, kleine Schritte sein – aber sie sind entscheidend, weil sie in die richtige Richtung führen. Denn solche Schritte tragen dazu bei, daß die geistlichen Gemeinschaften, wie es die Synode wünscht, ihren Platz »mitten im Gottesvolk« haben. Diesen Platz brauchen die Ordensgemeinschaften nicht zuletzt im Gebetsleben der Gemeinden. Kritische Anfrage: Wie sieht es da in den sonntäglichen Fürbitten aus? Denn nur das, worum ich bete, ist mir als Christ wirklich ein Anliegen.
In diesem gewiß nicht vollständigen Streifzug konnten

nur einige Grundelemente der notwendigen Differenzierung aufscheinen.[18] Sie ist notwendig, damit im Blick auf die bereichernde Vielfalt geistgewirkter Lebenszeugnisse immer wieder deutlich wird, wie gerade Diözesanpriester und Ordensleute bei der Verwirklichung des Auftrags Christi aufeinander verwiesen sind.

Anmerkungen

[1] Zum erweiterten Kontext vgl. K. Hillenbrand, Ordensspiritualität und Leben des Diözesanpriesters, in: J. Schreiner/K. Wittstadt (Hrsg.), Communio Sanctorum. Einheit der Christen – Einheit der Kirche. FS P.-W. Scheele, Würzburg 1988, 504–522.

[2] Vgl. dazu die nützliche Übersicht bei L. Holtz (Hrsg.), Männerorden in der Bundesrepublik Deutschland, Zürich/Einsiedeln/Köln 1984, bes. 11 ff und 393 ff.

[3] Wichtig zu diesem Thema einer Affinität des Diözesanpriesters zu den Evangelischen Räten: H. Schürmann, Im Knechtsdienst Christi, Freiburg/Basel/Wien 1985, bes. 27 ff und 76 ff und neuerdings M. Scheuer, Die Evangelischen Räte, Würzburg 1990, bes. 143 ff.

[4] Vgl. vor allem das Konzilsdekret über Dienst und Leben der Priester 3, 6, 9 u. ö.; siehe auch P.-J. Cordes, Sendung zum Dienst. Exegetisch-historische und systematische Studien zum Konzilsdekret »Vom Dienst und Leben der Priester« (FThST 9), Frankfurt/M. 1972, bes. 117–160.

[5] Synodenbeschluß »Dienste und Ämter« 2.5.1., in: Gemeinsame Synode der Bistümer in der Bundesrepublik Deutschland. Offizielle Gesamtausgabe, Freiburg/Basel/Wien 1976, 607.

[6] Vat. II. Priesterdekret 18. Zu diesem Gedanken vgl. M. Schneider, Umkehr zum neuen Leben. Wege der Versöhnung und Buße heute, Freiburg/Basel/Wien 1991, bes. 99 ff.

[7] Vgl. Vat. II. Priesterdekret 2 und 6; Kirchenkonstitution 28. Zur Entfaltung siehe auch die Hinweise bei G. Greshake, Priestersein, Freiburg/Basel/Wien [2]1991, bes. 73 ff.

[8] Deutsche Bischofskonferenz, Rahmenordnung für die Priesterbildung, Bonn 1978 und 1988, Nr. 12 u. ö.; zum Problemzusammenhang von geistlichem Leben und menschlicher Reife vgl. auch K. Schaupp, Eignung und Neigung. Hilfen zur Unterscheidung der Beweggründe, in: H. Stenger (Hrsg.), Eignung für die Berufe der Kirche, Freiburg/Basel/Wien 1988, 195–240.

[9] Greshake, Priestersein, 222.

[10] Gemeinsame Synode, Beschluß »Orden«, a.a.O. 559. Wichtig zum wei-

terführenden Verständnis: F. Wulf, Ordensreform – 20 Jahre nach dem II. Vatikanischen Konzil, in: Geist und Leben 59 (1986), 358–371.

11 H.-U. v. Balthasar, Die großen Ordensregeln, Einsiedeln [3]1974, 25.

12 Zur Verlagerung der Problematik vgl. die beiden Schriften: J. B. Metz, Zeit der Orden? Zur Mystik und Politik der Nachfolge, Freiburg/Basel/Wien 1977, und J. B. Metz/T. R. Peters, Gottespassion. Zur Ordensexistenz heute, Freiburg/Basel/Wien 1991.

13 Nützliche Hinweise finden sich bei H. Geist, Diözesanpriester und Ordensberufe, in: K. Hillenbrand (Hrsg.), Unser Auftrag. Besinnung auf den priesterlichen Dienst, Würzburg 1990, 57–61.

14 Vgl. dazu L. Holtz, Geschichte des christlichen Ordenslebens, Zürich/Einsiedeln/Köln 1986 und J. Weismayer, Mönchsväter und Ordensgründer. Männer und Frauen in der Nachfolge Jesu, Würzburg 1991.

15 Wichtige Überlegungen finden sich bei G. Greshake, Evangelische Räte und Weltpriestertum, in: Dt. Bischofskonferenz (Hrsg.), Priesterliche Lebensform, Bonn 1984, 98–109.

16 Konkrete Vorschläge finden sich bei K. Reinhardt, Das Presbyterium und wie es Gestalt wird, in: Priesterliche Lebensform, 70–81.

17 Gemeinsame Synode, Beschluß »Orden« II. 4.1.2., a.a.O. 576.

18 Viele weiterführende Elemente finden sich bei J. Weismayer, Leben in Fülle, Innsbruck/Wien/München 1983.

Leben in Gemeinschaft

Der Grund, warum im Glaubensbekenntnis von der Einheit und Gemeinschaft als Wesensmerkmal der Kirche die Rede ist, liegt letztlich im Leben Gottes selbst: Jesus suchte nie nach isolierter Selbstverwirklichung – unser gängiges Schlagwort kommt weder dem Wortlaut noch der Sache nach im Neuen Testament vor. Jesus handelte vielmehr in Gemeinschaft mit dem Vater; er handelte in Einheit mit dem Geist. Handeln in Gemeinschaft hat also für den Christen nichts mit Ich-Schwäche zu tun, mit dem Gefühl einer Abhängigkeit, die unfrei macht, sondern ist die Konsequenz aus der Erkenntnis, daß das Leben Gottes selbst Gemeinschaft ist und sich von da her auch auf menschlicher Ebene in Gemeinsamkeit ausdrückt.
Glauben geht nur gemeinsam – und ein Priester, der Zusammenarbeit bloß als notwendiges Übel ansähe, könnte seinen Auftrag zum Dienst an der Einheit kaum erfüllen. Die von da her notwendige Grundhaltung der *Kooperation* ist deshalb (etwa im Sinn von Röm 12 und 1 Kor 12) eine christliche Lebensform und nie nur eine zweckgebundene Organisationsstrategie, damit der »Betrieb« besser funktioniert. Kooperation in der Kirche lebt von der Einsicht, daß es ergänzende Gemeinschaft braucht. – Das sagt sich in dieser Allgemeinheit leicht und klingt prinzipiell einsichtig. Allenthalben wird auch in der Kirche heute mehr Kooperation gefordert – das Wort gehört fast schon zum Standardrepertoire von Priesterkonferenzen und Pastoraltagungen. Aber die Häufigkeit der Nennung schafft noch keine Realität. Deshalb ist zunächst zu fragen, wie das kooperative Verhalten des Priesters auf den verschiedenen Ebenen kirchlicher Gemeinschaft zum Ausdruck kommt und wo dabei Probleme auftreten können.

Delegieren oder motivieren?

Bei Priestertreffen ist häufig – fast wie ein beschwörendes Zauberwort – der Satz zu hören: »Wir müssen mehr delegieren.« Aber dahinter verbirgt sich leicht ein folgenschweres Mißverständnis. Denn bloßes *Delegieren* bewirkt noch keine Kooperation und wäre auch das falsche Modell. Denn das würde bedeuten, daß ich aus eigener Vollmacht eine Aufgabe abgeben kann. Der Priester kann aber eigentlich immer nur Christen *motivieren*, den aus Taufe und Firmung kommenden Glaubenseinsatz zu wagen. Darin liegt ein Grunddienst an der Gemeinschaft.

Das heißt aber: Die Laien dürfen in ihrem Glaubensdienst nicht einfach als Lückenbüßer für überbelastete Pfarrer oder gar als »Gastarbeiter wegen Priestermangels« gesehen werden. (Ich denke an den Stoßseufzer eines Mitbruders: »Schick uns wieder mehr Kapläne – dann ist der ganze Aufwand mit den Laien nicht nötig.«) Laien sind nicht einfach austauschbare »Ersatzspieler«. Deshalb ist es für den Priester wichtig, daß er nicht nur *Mitarbeit* erwartet, sondern die *Mitarbeiterinnen und Mitarbeiter* als Mit-glaubende ernst nimmt und begleitet. Konkret: Wenn eine Kommunionmutter das Gefühl hat: Der Pfarrer sucht nur eine, die ihm die Arbeit macht – nach dem Weißen Sonntag bin ich nicht mehr wichtig –, dann ist etwas schiefgelaufen. Sache und Person sind gerade im Bereich des Glaubens nicht zu trennen.

Solche Begleitung kann für den Priester – vom Maß der aufgewandten Energie her gesehen – unter Umständen anstrengender sein, als wenn er die Katechesen selbst halten würde. Aber sie ist auf Dauer fruchtbarer, weil deutlich wird, daß Kirche nur gemeinsam aufgebaut werden kann.

Die Problematik solcher Zusammenarbeit zeigt sich aber im alltäglichen Bereich; sie liegt in unseren Breiten ganz konkret auch in dem Umstand, daß sich in den letzten Jahren und Jahrzehnten nicht wenige Pfarrgemeinden – zumindest von außen her gesehen – gleichsam zu Dienstleistungsunternehmen mit fünf, zehn, bisweilen zwanzig und mehr Mitarbeitern und Angestellten entwickelt haben, für die der Pfarrer – mit Dienstrecht, Tarif und allem möglichen – als Arbeitgeber zuständig ist. Er soll nun dieses haupt- und nebenberufliche Gemeindepersonal – den Diakon, die Gemeindereferentin, den Pastoralassistenten, die Pfarrsekretärin, den Organisten, den Mesner, die Kindergärtnerin – einzeln begleiten und zur Zusammenarbeit führen. Abgesehen davon, daß die Vielzahl der persönlichen Veranlagungen verschiedenes Umgehen nötig macht, sind viele Priester für eine Personalleitung in diesem Sinn nicht ausgebildet worden; nicht selten »menschelt« es – Folge sind Konflikte, Spannungen, kurz: ein unerfreuliches Arbeitsklima. Hinzu kommen »Berührungsängste« beim Umgang mit »neuen« kirchlichen Berufen. Hier wird – so viel sei angedeutet – in der Priesterausbildung verstärkt darauf geachtet werden müssen, daß Kooperationsfähigkeit aus dem Glauben heraus entwickelt und gefördert wird. Wenn Praktika und Supervisionsmaßnahmen unter dieser Perspektive eingeordnet werden, verlieren sie vielleicht das Schreckhafte, das ihnen mancherorts anhaftet; dann ist auch der Verdacht nicht begründet, man wolle in der Pastoral Spiritualität durch Psychologie ersetzen.

Worauf es dabei ankommt, kann gerade für den Dienst des Priesters ein fast vergessenes Wort signalisieren: In manchen Gegenden trugen die jungen Geistlichen früher die Amtsbezeichnung »Kooperator«, was schlichtweg nichts anderes heißt als »Mitarbeiter«. Mein geheimer Wunsch ist es, einen solchen Stil der Priesterausbildung zu entwickeln, daß die Kapläne in den Gemeinden »kooperativ« sind und durch solches Verhalten bei vielen Gläubigen ihrerseits Mut zur Mitarbeit wecken.

Umgekehrt braucht es dabei aber auch die Kooperationsbereitschaft der Gemeinden. In der gegenwärtigen Situation können einfach nicht mehr alle herkömmlichen Ansprüche erfüllt werden, die oft unter ganz anderen Voraussetzungen gewachsen waren, als sie heute gegeben sind. Das Dilemma zeigt sich meist dann, wenn ein Priester für mehrere Gemeinden Verantwortung trägt. Man kann die Feststellung von Ludwig Bertsch nur unterstreichen: »Für den, der mehrere Pfarreien hat, ist es unmöglich – nicht nur kräftemäßig, sondern auch spirituell – dreimal im alten Stil Pfarrer zu sein. Die Alternative ist nicht, Organisationschef von drei Pfarreien zu werden. Jede Gemeinde muß wissen, daß sie nicht mehr *ihren* Pfarrer hat, daß sich die Eigenverantwortung deshalb neu verteilen muß und daß der Priester in Auftrag und Sendung Christi zu diesen *drei* Gemeinden kommt. Das ergibt ein neues Miteinander.«[1]
Daß der Priester in Auftrag und Sendung Christi kommt – von *da her* müssen die Prioritäten seines Lebensstils gesetzt werden. Eine davon sei wenigstens angedeutet: Von Jesus her – das erfordert zunächst einmal ganz konkret im Rückgriff auf das Neue Testament die Zuwendung zu denen, auf die auch Jesus in besonders intensiver Weise zuging: die Kranken, die scheinbar Kleinen und Bedeutungslosen, die Einsamen, die Armen ... Wo gibt es z. B. in einer Pfarrei »Arme« im vielfachen Sinn, nicht bloß in materieller Hinsicht: solche, die mit Problemen nicht zurechtkommen; Menschen, die unter seelischen Krankheiten leiden; Jugendliche und Erwachsene, die irgendwo auf der Strecke geblieben sind ... Gerade in diesem Punkt hat eine Gemeinde das Recht, die oft beschworene »Verfügbarkeit« aus der ehelosen Lebensform des Priesters als Zuwendung einzufordern – sonst wird diese Lebensform leicht unglaubwürdig. Wohlgemerkt: Das ist noch keine Letztbegründung des priesterlichen Zölibats, aber eine äußerst wichtige Konsequenz.

An einigen Punkten ganz da sein, an anderen nicht: Das kann nicht heißen, willkürlich oder bloß nach Sympathiekriterien diese Familie zu besuchen und jene nicht; das kann nicht bedeuten, auf Vereinsfesten ein gern gesehener Gast zu sein, aber sich bei Krankenbesuchen mit unaufschiebbaren Verpflichtungen zu entschuldigen; das kann nicht bedeuten, aus diesem Anlaß einen Festgottesdienst zu halten und anderswo nicht ... Es geht vielmehr darum, daß der Priester an solchen Punkten »da« ist, wo ihm der Rückbezug zu den Menschen gelingt, die Jesu Zuwendung besonders deutlich spüren müssen. Das aber bedeutet: hinhörend, sich aufs Gespräch einlassend, nicht alles gleich besser wissend ...

Offenheit für das Ganze

Gerade der Aufbau von Gemeinde braucht aber auch den Blick auf die größere Gemeinschaft, damit es keine Horizontverengung gibt. Hier wird die Rede von der »katholischen«, der umfassenden Kirche, konkret. Ich betone das, weil sich mancherorts eine Tendenz zeigt, die Wirklichkeit von »Kirche« auf die Gemeinde oder gar Kleingruppe zu reduzieren. Das mag in manchen »großkirchlichen« Konfliktsituationen zwar verständlich sein, ist aber gleichwohl problematisch. So richtig es ist, daß sich in der von personalen Bezügen geprägten Gemeinde »Kirche« am greifbarsten verwirklicht, so gefährlich wäre es, nur innerhalb dieses Rahmens zu denken.
Es kann recht eigenartige Folgen haben, wenn Priester aus vermeintlicher Sorge um die eigene Pfarrei nur bedingt oder gar nicht zur Mithilfe im Dekanat, auf Diözesanebene bereit sind. Diese Haltung kann manchmal auch die Form eines Rückzugs aufs Selbstbewußtsein annehmen: »Was für meine Gemeinde, für meine Jugend richtig ist, das weiß ich besser – der Bischof und

Rom sind weit!« Natürlich gibt es eine Kompetenz, die nur der »vor Ort« Engagierte hat – aber deswegen sich Hilfen verweigern, die die eigenen Fragen und Erfahrungen in ein größeres Ganzes einbringen können, wäre letztlich nicht christlich.
Sicher, Horizonterweiterung über das Eigeninteresse und die Eigenerfahrung hinaus, das kostet immer ein Stück schmerzlichen Weggebens des Eigenen – aber ich kann es auch als einen Vorgang des Teilens, des Mit-teilens von Glaubenserfahrungen sehen, bei dem ich Neues und Wichtiges dazugewinne. Ich denke in diesem Zusammenhang an einen Mitbruder, der – obwohl selbst gesundheitlich nicht auf der Höhe – seinen Kaplan für ein Vierteljahr zur Aushilfe für einen schwer erkrankten Pfarrer freigab, und das, obwohl einige Uneinsichtige in der eigenen Gemeinde protestierten, weil zeitweilig am Sonntag statt drei nur zwei Gottesdienste stattfanden. Wer Seelsorge nach dem Prinzip betreiben wollte: »Jeder ist sich selbst der Nächste«, der würde bald innerlich auflaufen.
Es geht in all dem darum, eine Spannung auszuhalten, die sich in einem sehr labilen Gleichgewicht befindet. Die Problematik, vor der ein Priester steht, sieht doch oft genug so aus: Wenn ich das oder jenes nicht mehr tue, wenn diese oder jene Feier ohne eine eigene Eucharistie, ohne Präsenz des Priesters stattfinden muß, dann gibt es begreiflicherweise Widerstand in der Gemeinde bei denen, die – oft aus einer gewachsenen Verbundenheit mit der Kirche – darauf Wert legen. Auf der anderen Seite müssen wir uns immer wieder den Vorwurf gefallen lassen, wir würden mit unseren Bekehrungsversuchen bei den schon Bekehrten ansetzen und uns darauf beschränken, den Bestand zu sichern, indem wir die »Stammkundschaft« im Glauben bestärken. Darüber käme gar nicht zu Bewußtsein, daß immer mehr Gruppen von Menschen dem lebendigen Kontakt mit der Kirche ent-

gleiten. Was hat hier Vorrang? Sicher kann man nicht einfach Anliegen gegeneinander ausspielen. Aber wenn es stimmt, daß der Priester gerade als Diener an der Einheit, als Anwalt des *Ganzen* in seiner *Teil*-nahme an der Sendung Christi an wichtigen Punkten ganz und ausstrahlend da sein soll, dann darf doch gesagt sein: Dies sollte gerade heißen, nicht nur dorthin gehen, wo man aus gediegener Tradition heraus den Priester zuerst erwartet. Wenn vorhin die Rede von den »Armen« war, die die Zuwendung des Christseins und des Priesterseins brauchen, dann gibt es doch gerade eine existentielle Armut derer – und solche Menschen werden immer zahlreicher –, denen die christlichen Werte gar nicht nahekommen konnten. Das ist nicht überheblich gesagt, sondern dient der Ortsbestimmung von Kirche, die im Glaubensbekenntnis ja auch »apostolisch«, missionarisch genannt wird. Das ist nicht mit unerleuchtetem Eiferertum zu verwechseln, sondern beinhaltet die Bereitschaft, sich mit der Phantasie des Christlichen auch auf nichtkirchliche Gruppierungen einzulassen und in kirchenfremdem Milieu ohne falsche Berührungsangst »Flagge zu zeigen«. Priesterlicher Dienst ist gerade als Aufbau konkreter Gemeinschaft immer über den binnenkirchlichen Bereich hinaus orientiert.[2]

Presbyterium als Weggemeinschaft

Ein – immer noch – weit verbreitetes Priesterbild ist das vom »geistlichen Einzelkämpfer«. Dem setzt das Zweite Vatikanische Konzil im Blick auf die Ursprünge der Kirche die Aussage entgegen, daß der Priester seinen Standort im Schnittpunkt zweier Gemeinschaften hat: der Gemeinschaft der Mitbrüder um den Bischof, also dem Presbyterium einer Diözese, und der Gemeinschaft der einzelnen Gemeinden.[3] Dabei zeigt sich freilich ein Ungleichgewicht: Man darf ohne falsches Lobhudeln sagen, daß viele Priester sich in bewundernswertem Einsatz in ihren Gemeinden engagieren. Sie können auf Menschen zugehen, pflegen viele Kontakte. Sie sind in echter Weise in den Pfarreien verankert. Kann man das – bei aller Verschiedenheit, die dabei zu berücksichtigen ist – von den Priestern eines Dekanats, eines Pfarrverbandes, eines Bistums auch sagen? Dabei geht es nicht um romantisierende Vorstellungen, als ob alles ein Herz und eine Seele sein müßte – man kann auch auf faire, brüderliche Art Konflikte austragen. Aber woher kommt es, daß ein so hartes Wort wie das von der »invidia clericalis«, dem klerikalen Neid, zur Kennzeichnung der Atmosphäre entstehen konnte, die nicht selten unter Priestern herrscht? Wenn jemand etwa über einen Mitbruder herzieht, um sich selber profilieren zu können – wie will er da die Einheit in seiner Gemeinde glaubhaft fördern?

Ein weiteres Problem ist, daß die Priestertreffen in den Großdekanaten oft unüberschaubar und dadurch anonym geworden sind, zudem häufig von organisatorischen bzw. Verwaltungsfragen beherrscht werden. Ihr eigentliches Ziel der gegenseitigen Bestärkung im Glauben kann da kaum erreicht werden. Aber es gibt auch innere Barrieren: Mich erschreckt es, wenn immer wieder deutlich wird, daß Menschen, die doch Tag für Tag anderen Gottes Wort auslegen sollen und wollen, sich so schwer tun, miteinander über diese Botschaft des Glaubens zu reden. Auch das hat viele Ursachen. Wenn Priester einander aus dem Weg gehen, dann sind in den wenigsten Fällen Altersunterschiede maßgebend. Wenn das Gespräch schwierig wird, steht dahinter vielmehr oft ein Verlust an Gemeinsamkeit, der sich darin zeigt, daß verschiedene Theologien, Priesterbilder, Seelsorgsmethoden, liturgische Formen bis hin zu Ansichten über die Priesterkleidung in mitunter polemischer Weise gegeneinander ausgespielt werden.

Man könnte einwenden, das seien doch innerklerikale Probleme. Weit gefehlt: Es wäre eine Verkürzung, wenn ich es als Priester nur gut kann mit denen, die in meiner Gemeinde leben, aber nicht mit den Mitbrüdern. Das eine darf das andere nicht ausschließen, denn sonst verengt sich der Horizont: Der Priester überträgt ja keinesfalls bloß seine private Christusverbundenheit in die Gemeinde – er kann Gemeinschaft mit Jesus nur übertragen, wenn er herkommt aus der Gemeinschaft derer, die in derselben Sendung, im gleichen Dienst stehen. Anders hätte es keinen Sinn, daß Jesus eine Apostel*gemeinschaft* gewollt hat – mit allen Spannungen und Unterschieden! Priesterliche Weggemeinschaft entfremdet nicht von den Gemeinden, sondern führt näher hin: Denn die gemeinsame Glaubenserfahrung kann bei der Einübung von Haltungen helfen, die sich dann im Dienst an der Gemeinde bewähren müssen: Offenheit, Dienstbereitschaft, Mühen um Verständigung und Versöhnung.

Solche Gemeinschaft stellt natürlich einen Lernprozeß dar, in dem es Fortschritte und Rückschläge geben kann, in dem man auf gegenseitiges Tragen und Er-tragen angewiesen ist, das von der Umkehrbereitschaft aller lebt. Doch kann diese Einbindung nicht zuletzt einer Gefahr wehren, die gerade bei hochmotivierten Priestern oft unterschwellig vorhanden ist: In einer einseitigen Auslegung des an sich richtigen Wortes: »Die Seelsorge heiligt den Seelsorger« wird nicht selten erwartet, daß die Bestärkung für das eigene Glaubensleben ganz aus der Gemeindepastoral bezogen werden müsse, in die man sich ja auch voll einbringen will. So richtig es ist, daß aus dem Umgang mit den Menschen »vor Ort« Kraft und Bestärkung für das Tun des Priesters kommen kann, so gefährlich wäre es andererseits, nicht das richtige Verhältnis von Nähe und Abstand zu wahren: Einzelne Enttäuschungen werden dann nämlich leicht zum lähmenden

Dauerfrust bzw. die krampfhafte Suche nach »Erfolgserlebnissen« führt zu einem unguten Bestätigungsdruck.[4] Keine Gemeinde kann alleiniger »Motivationsort« für den Priester sein. Der Bezug zum Presbyterium und zu anderen Formen christlicher Weggemeinschaft (auch freundschaftliche Verbindungen haben dabei ihre Bedeutung!) könnte auch in dieser Hinsicht entlastend wirken, wenn vorhandene Chancen entsprechend genutzt würden.

Deutlich wird jedenfalls: Die Gemeinschaft des Presbyteriums ist mehr als eine gelegentliche Zusammenkunft zur zweckgebundenen Entwicklung von Pastoralmaßnahmen. Sie lebt zuallererst vom gemeinsamen Hinhören auf Gottes Wort. Der immer stärker werdende Wunsch nach mehr Priestergemeinschaften, die dem einzelnen Hilfe und Halt geben können, ist ein Indiz dafür, daß diese Grundlage gesehen wird. Auch die Tatsache, daß in immer mehr Diözesen eigene Priesterseelsorger ernannt werden, zeugt davon, daß man die Bedeutung der Frage erkannt hat. Natürlich lassen sich spirituelle Hilfen nicht einfach »verordnen«, aber es braucht solche »strukturellen Signale«, damit gerade von Priestern die geistliche Begleitung als etwas Unersetzbares erkannt wird.[5] Keiner ist sein eigener Seelsorger!

Zeuge der Gottesbegegnung

Solche Begleitung zielt im letzten auf eine vertiefte Gottesbegegnung, in der jede Form kirchlicher Gemeinschaft gründet. Nur so wird gewährleistet, daß »kooperatives Verhalten« im Leben des Priesters nicht einfach von Nützlichkeitserwägungen und Zweckdenken bestimmt ist, sondern daß sein ganzes Dasein immer wieder neu die Frage nach Gott aufwirft.

Bischof Karl Lehmann hat für mein Empfinden diesen

Zusammenhang treffend umschrieben: »Wer einen Dienst oder ein Amt in der Kirche anzielt, muß vor und in aller Kirchlichkeit eine letzte Leidenschaft für Gott mitbringen ... Diese Aufgabe, lebendiger Zeuge der Gotteserfahrung zu sein, muß alle Tätigkeitsfelder durchdringen und beherrschen. Alle Teilaufgaben, wie z. B. Religionsunterricht, Verwaltungsaufgaben, sogar die Sakramentenspendung müssen von innen her offenbleiben auf den größeren Gott und dürfen sich nicht in der Schwerkraft des ›Betriebs‹ und des ›Funktionierens‹ – nach dem Motto: ›es klappt‹, ›es läuft‹, abkapseln und Selbstzweck werden.«[6]
Diese Einsicht ist kein frommer Überbau: Das Wissen um den Bezug zu Gott kann entlastend wirken, denn nur aus dieser Verbindung heraus ist zu spüren: Nicht ich bin es, der durch sein Tun die Welt heil macht und an dem letztlich alles hängt ... Deshalb sehe ich Priesterausbildung auch nicht in erster Linie als Erlernen von Strategien, mit denen man in der Gemeinde dann zurechtkommt – wiewohl solcher Erwerb von Kompetenz wichtig ist –, sondern vor allem anderen als Hinführung zur Begegnung mit Gott, als beständiges Einüben ins Gebet.[7] Man kann nicht sagen, das sei selbstverständlich – der Satz, daß die Familie das erste Priesterseminar sei, stimmt so nicht mehr; nicht wenige suchen bei der Entscheidung zum Priesterberuf erst einmal nach einer intensiven Form der Gotteserfahrung, zu der sie in ihrer Umgebung oft keine Gelegenheit hatten. Das gilt es ernst zu nehmen und die nötigen Konsequenzen zu ziehen, damit christliches Leben in Gemeinschaft auch unter veränderten Voraussetzungen gelingt.

Anmerkungen

[1] L. Bertsch, Die Chancen und Nöte unserer Zeit als Anruf Gottes an uns, in: Pastoralblatt 33 (1981), 258–266, hier: 265. Zum Grundgedanken der Kooperation siehe auch P. Wehrle, Kommunikation und Kooperation. Ausdrucksformen priesterlichen Handelns, in: Dt. Bischofskonferenz (Hrsg.), Priesterliche Lebensform, Bonn 1984, 84–94.

[2] Wichtige Gedanken dazu finden sich bei J. Wanke, Last und Chance des Christseins, Leipzig 1991, bes. 273 ff.

[3] Zweites Vatikanisches Konzil, Dekret über Dienst und Leben der Priester 8.

[4] Siehe dazu die Beobachtungen von U. Körner, Die Priester sind krank – unheilbar?, in: Anzeiger für die Seelsorge 100 (1991), 383–387.

[5] Vgl. dazu die Hinweise bei P. Imhof, Geistliche Begleitung, in: Geist und Leben 60 (1987), 51–55 sowie J. Sudbrack, Geistliche Führung, Freiburg/Basel/Wien 1981.

[6] K. Lehmann, Lohnt es sich, in der Kirche zu bleiben und für sie zu leben?, in: J. Ratzinger/K. Lehmann, Mit der Kirche leben, Freiburg/Basel/Wien 1977, 41–75, hier: 46.

[7] Zur weiteren Entfaltung dieses Gedankens vgl. K. Hillenbrand, Dienst an der Lebenswirklichkeit. Grundlinien heutiger Priesterausbildung, in: K. Hillenbrand/R. Weigand (Hrsg.), Mit der Kirche auf dem Weg. 400 Jahre Priesterseminar Würzburg, Würzburg 1989, 327–336, bes. 328 ff und 332 ff.

V. Impulse

Zeugen gesucht

In vielen Tageszeitungen taucht regelmäßig eine ganz bestimmte Überschrift auf: *»Zeugen gesucht«*. Es braucht nicht viel Phantasie, um das Anliegen zu erraten: Gefragt sind Menschen, die mit ihrer Aussage Klarheit schaffen, die helfen sollen, die Wahrheit zu finden oder einen schwierigen Sachverhalt aufzuhellen – etwa einen Unfallhergang oder Streitfragen in einem Gerichtsverfahren.
»Zeugen gesucht« – unter dieses Wort könnte man auch das Christsein oder speziell die Entscheidung zum Priesterberuf stellen. Man muß nicht einmal so viel ändern: Gefragt sind auch da Menschen, die in Wort und Tat helfen, drängende Fragen zu klären, Menschen, die durch ihr Verhalten das Leben hell machen.
»Zeugen gesucht« – das hat aber bei Christen und erst recht beim Priester zuallererst mit *»Überzeugtsein«* zu tun, Überzeugtsein nicht von einer Idee oder einer Sache, sondern von einer Person: Jesus Christus.
Der von Heinrich-G. Bücker geschaffene Kiliansschrein in der Würzburger Neumünsterkirche[1] enthält recht eindrucksvolle Hinweise darauf, wie dieses Überzeugtsein von Jesus aussehen muß, damit es auf andere auch überzeugend wirken kann. Ich möchte nur drei Darstellungen herausgreifen:

Sich trauen

Eine erste Szene zeigt Petrus und Andreas, wie sie ihre Netze liegenlassen und auf Jesus zugehen. Es gehört schon eine Portion Mut dazu, bisherige Lebensgewohnheiten aufzugeben und eine neue Richtung einzuschlagen, wie diese beiden Fischer es taten.
Ähnliches ist auch zu hören, wenn ich mit Jugendlichen und auch Erwachsenen über den Priesterberuf spreche: »Wie kann sich denn heute einer trauen, eine solche Entscheidung zu treffen?«, wird da oft gefragt. Da schwingen Respekt, aber auch Zweifel und Unsicherheit mit.

Zeuge Jesu sein – das hat in der Tat etwas mit *Sich-trauen* zu tun. Aber diese Haltung hat nichts mit falscher Selbstsicherheit gemein, die sich bloß auf die eigenen Fähigkeiten verläßt. Christliches Sich-trauen lebt von der Faszination durch Jesus, der zu den Menschen hingeht und sie ernstnimmt, der ihnen das Gefühl vermittelt: Auf *dich* kommt es an! Denn Berufung ist nie etwas Anonymes, sie ist immer ganz persönlich und trifft Menschen mit ihren Vorzügen, Fehlern und Schwächen. Doch die Begeisterung für Jesus macht es möglich, liebgewordene Gewohnheiten loszulassen und den Aufbruch zu wagen.
Eine solche Begeisterung hat nichts mit billiger Schwärmerei zu tun, wohl aber mit Zu-neigung im allerwörtlichsten Sinn: Weil sich Jesus den Menschen zuneigt, weil er ganz normale, ja gewöhnliche Leute spüren läßt: Ihr seid für mich wichtig!, deshalb können sich diese beiden Fischer trauen, ihr Leben zu ändern und bei Jesus mitzumachen. Deshalb können sich auch heute Menschen trauen, sich als Zeugen dieser Zuneigung Jesu zu anderen auf den Weg zu machen.[2]

Vertrauen

Dieser Weg verläuft aber nicht problemlos und geradlinig. Auch bei überzeugten Christen und nicht weniger im Leben des Priesters gibt es Orientierungsschwierigkeiten. Die zweite Szene des Kiliansschreins führt diese Erfahrung geradezu drastisch vor Augen: Das Boot mit den Jüngern treibt im Seesturm und kann seinen Kurs nicht halten. Angst und Verwirrung sind unübersehbar.
Machen wir uns nichts vor: Wer bei Jesus mitmacht, muß damit rechnen, daß ihm der Wind mitunter ganz schön ins Gesicht bläst, ja, daß es ganze Zeiten mit Gegenwind gibt. Manche sehen in solchen Situationen das

Schiff der Kirche schon kentern, zumal wenn die Mannschaft den Eindruck erweckt, sie sei sich über den Kurs uneins. Auch der Priester ist in solchen Lebenslagen nicht einfach ein Glaubensexperte, der über Patentrezepte für stürmische Zeiten verfügt – auch er kennt, wie die Jünger im Boot, Fragen, Furcht, Unsicherheit.
In solchen Situationen ist der Glaube herausgefordert, das Eigentliche nicht zu übersehen: Jesus ist im Boot dabei! Er steigt nicht aus, als es stürmisch wird! Er hält sich zwar scheinbar zurück (wie hier, wenn er mitten in der aufgeregten Schar seiner Jünger schläft), aber er ist doch ganz da!

Hier wechselt die Lage des Zeugen, der gesucht wird – ein anderes Profil wird nötig. Denn in solch stürmischen Zeiten traut man sich selbst gar nichts mehr; entscheidend ist dann das *Vertrauen* zu dem, der mit uns im gleichen Boot sitzt und auch in Gefahren drinbleibt.
Das macht mir als Priester Mut, in Krisen und Herausforderungen aus dem Boot der Kirche nicht auszusteigen; das hilft mir, andere zum Vertrauen auf Jesus zu ermutigen, der bei seiner Kirche bleibt und ihr über Höhen und Tiefen hinweg die Treue hält.
Zeuge Jesu sein, das braucht gewiß Mut, der sich etwas traut – aber mehr noch ist das ansteckende Vertrauen nötig, das auf die Nähe dessen setzt, der uns nicht allein läßt.

Gottvertrauen

Jesus läßt uns nicht allein – das kann man auch anders sagen: Er stellt *Gemeinschaft* her. Zunächst Gemeinschaft unter Menschen, die er über die Grenzen von Herkunft, Bildung und Ansehen hinweg zusammenführt: einfache Fischer und verachtete Zöllner mit einflußreichen Schriftgelehrten, Sünder mit denen, die sich für gerecht halten – sie alle haben in seinem Freundeskreis Platz. Solche Grenzüberschreitungen unter Menschen sind aber nur möglich, weil Jesus als Grundlage dafür auf *die* entscheidende Lebensbindung verweist: die Gemeinschaft mit Gott. »Alle sollen eins sein, wie du, Vater, in mir bist und ich in dir bin, so sollen auch sie in uns sein.«
Das Gebet Jesu aus dem Johannesevangelium (vgl. Joh 17,20–26) findet auf dem neuen Kiliansschrein eine bildliche Umsetzung: Gemeinschaft untereinander ist nur möglich, weil Jesus – seine geöffneten Hände deuten es an – den Zugang zu Gott offenhält. Gemeinschaft im

Glauben ist also mehr als eine äußere kirchliche Organisationsform – sie ist sozusagen Lebensbedingung des Christseins, weil sie deutlich macht, wie Gott selbst ist. Gott nimmt die Menschen so ernst, daß er ihnen durch Jesus Mut zu seiner eigenen Lebensform macht.

Wenn ich *dafür* Zeuge sein will, dann genügt es nicht, daß ich mich etwas traue, dann wird auch das Vertrauen auf Jesus noch einmal in tiefster Weise als das sichtbar, was es im letzten ist: ein *Gottvertrauen*, das darauf setzt, daß der Vater durch Jesus auch unsere Trennungen und Spaltungen überwinden kann, wenn wir bereit sind, uns wirklich in diese Lebensgemeinschaft hineinnehmen zu lassen. Sonst wird Christsein unglaubwürdig, wenn es als

bloß private Religiosität gelebt wird. Da wird der Glaube unter Wert gehandelt.[3]
Eine der treffendsten Bezeichnungen des Priesterberufs lautet deshalb auch »Dienst an der Einheit« – und dieser Dienst gelingt eben letztlich nur von einem radikalen Gottvertrauen her, das man uns Priestern ansehen muß, wenn wir nicht bloße Gemeindemoderatoren werden wollen, die zwar noch Menschen zusammenbringen, aber die entscheidende Beziehung nicht mehr deutlich machen können. Gegen jedes Mißverständnis: Solches Gottvertrauen ist das genaue Gegenteil von Weltflucht – gerade um der Menschen willen dürfen wir von Gott nicht schweigen!

Glaubwürdigkeit

»Zeugen gesucht« – so hieß es am Anfang. Zeugen sind aber nur dann glaubwürdig, wenn man ihnen vertrauen kann. Jeder Christ – und erst recht der Priester –, der ehrlich ist und seine Unfertigkeit und sein tägliches Versagen schmerzhaft spürt, weiß, daß er aus sich selbst dieses Vertrauen nicht verdient. Aber Christsein und das Wirken des Priesters können dann über-zeugend sein, wenn dabei das Vertrauen Gottes selbst zum Vorschein kommt, der sich in Jesus immer wieder neu an Menschen bindet.

Anmerkungen

[1] Zu einer umfassenden Deutung siehe P.-W. Scheele, Die Botschaft des Würzburger Kiliansschreins, Würzburg 1987.

[2] Vgl. dazu die dichten Gedanken bei H. Schaller, Wie finde ich meinen Weg? Mainz 1986; ders., Ja zu meinen Umwegen, Mainz 1990.

[3] Siehe in diesem Zusammenhang J. Ratzinger, Zur Gemeinschaft gerufen. Kirche heute verstehen, Freiburg/Basel/Wien 1991, bes. 124ff.

Die verwundeten Helfer

»Soll man in Presse und Fernsehen Bilder von Verwundeten zeigen? Erzeugt das Betroffenheit oder geht es vielfach nur um bloßen Sensationsjournalismus, um Effekthascherei?« Diese Frage stellte einer unserer Studenten aus dem Priesterseminar bei einer Diskussion über die Berichterstattung vom Golfkrieg, der auch bei uns viele Menschen aus der scheinbaren Selbstverständlichkeit eines geschützten Lebens aufgeschreckt und unsicher gemacht hat.
»Soll man Verwundete zeigen? Was tun wir Christen denn anderes, als ständig auf einen Verwundeten hinzuweisen, wenn wir in unseren Häusern und in der Öffentlichkeit Jesus als Gekreuzigten zeigen?« Die Bemerkung eines Gesprächsteilnehmers hat uns alle nachdenklich gemacht, weil wir spürten, wie leicht man sich an diese »Grunddarstellung des Glaubens« gewöhnen kann. Mehr noch: Wenn man die Bibel einmal unter diesem Gesichtspunkt liest, wird man unschwer feststellen, daß im Alten wie im Neuen Testament immer wieder verwundete Menschen gezeigt werden, durch die dennoch Entscheidendes geschieht. Von da her ergeben sich Zugänge zum Christsein wie zum Dienst des Priesters, die häufig übersehen werden.

Der verwundete Gottesknecht

Die Stelle Jes 53, 1–5 beschreibt, wenn man es einmal ganz nüchtern sieht, einen Schwerbeschädigten, der nach menschlichen Maßstäben überhaupt nicht mehr »leistungsfähig« ist. Vermutlich würde uns das wenig kümmern, wenn das nicht ein Bild für *Jesus Christus* wäre. Es ist eine der anstößigsten und herausforderndsten Glaubensaussagen: In *diesem* Verwundeten geht Gott selbst aufs ganze, in ihm zeigt er, wie weit seine Liebe geht! Denn Gottes Wege führen tiefer hinunter, als wir uns das vorstellen würden oder ausgedacht hätten: Er geht nicht den Höhenweg des umjubelten Stars, er setzt vielmehr sein Leben aufs Spiel, geht selbst in die letzte Armseligkeit von Leid, Schuld und Tod ... Solche Liebe ist letztlich nicht be-greifbar, man kann sich nur immer wieder neu von ihr er-greifen, packen lassen. Weil Gottes Wege so tief hinunterführen, gibt es nichts, was von vornherein seiner Liebe entzogen wäre. In Jesus macht sich Gott selbst verwundbar, läßt er sich vom Leid der Welt betreffen.[1]

Ich spüre die Frage: Ist das notwendig? Schlüssige Antworten darauf gibt es nicht. Wenn man sich aber auf diese Bewegung der Liebe Gottes einläßt, kann man sagen: Solches Verhalten ist not-wendend, weil sich darin zeigt, wie weit Gott geht: Er ist nicht bloß ein Begleiter auf den glatten, unkomplizierten Wegen, wenn alles gut läuft – er will vielmehr in Jesus gerade da sein, wo auf der Welt gelitten und gestorben wird, wo Menschen durch Verwundungen gelähmt sind. Er wendet die Not, indem er uns nicht allein läßt, sondern unsere Wege mitgeht. Das Leid wird dadurch nicht verharmlost, aber es erfährt eine Umwertung: Es ist nicht mehr aussichtslos, sondern eröffnet einen neuen Blick auf Gott, der unser Leben bis ins Äußerste teilen will.

Deshalb brauchen wir den Verwundeten am Kreuz nicht zu verstecken, sondern dürfen ihn als *das* entscheidende Zeichen der Hoffnung sehen. Deshalb muß sich der Dienst des Priesters auch daran messen lassen, ob er diesen Weg mitgehen will, ob seine Verkündigung nicht verharmlosend wirkt, sondern ein Zeugnis ist für den Gott, der sich vor unseren Konflikten, Verwundungen nicht zurückzieht, sondern sie in Jesus Christus selbst durchträgt.

Der verletzte Glaubensbote

Ein weiteres »Grundmodell« für den Umgang mit Lebensverwundungen ergibt sich, wenn man die Person des *Paulus* einmal unter diesem Aspekt betrachtet.[2] Aus vielen Passagen des 2. Korintherbriefes z. B. spricht ein verwundeter Apostel, der menschlich tief verletzt ist: Gegner sind in die Gemeinde eingedrungen, die seine Autorität untergraben haben; bei einem Besuch, der die Lage klären sollte, erfuhr er neue Demütigungen, wurde verleumdet, ja, man betrieb regelrecht Rufmord. Der Brief, den er »in Bedrängnis und Herzensnot« schreibt (2 Kor 2,4) zeugt jedenfalls von großen Spannungen.
Das liest sich in manchem wie eine Zustandsbeschreibung unserer Kirche. Machen wir uns nichts vor – auch heute fügen sich Christen gegenseitig Verwundungen zu, gibt es von der Weltkirche über die Diözese bis in kleinste Gemeinden hinein Feindschaft, Verhärtungen und Mißverständnisse.
Der Priester erlebt solche Spannungen bis in die eigene Person hinein: Es kann sein, daß sein guter Wille mißverstanden wird, es kann geschehen, daß er selbst Anlaß zu Verwundungen ist, daß er Versöhnung predigt und durch sein Verhalten für Konflikte sorgt ... Solche »Schattenseiten des Glaubens« dürfen nicht übersehen werden. Entscheidend ist aber die Konsequenz aus solcher Betroffenheit. Meines Erachtens ergeben sich zwei Möglichkeiten: Verwundungen, die auch den Priester treffen, können zum einen eine gefährliche *Empfindlichkeit* schaffen: Sie äußert sich z. B. in Trotz, Selbstmitleid, Wehleidigkeit ... Das eigene Ich wird in den Mittelpunkt gerückt, und schließlich führen solche Verwundungen in die Isolation. Ich denke, die Einsamkeit mancher Priester hat nicht zuletzt darin ihren Grund, daß sie über Verwundungen verbittert wurden. Aber das muß nicht so sein. Es geht auch anders: Aus der Betroffenheit über

eigene und fremde Verwundungen kann eine neue *Empfindsamkeit* wachsen, eine Sensibilität und Offenheit, die zwar Fehler und Konflikte nicht beschönigt, sie aber auch nicht als das Letzte sieht.
Deshalb kann Paulus schreiben: »Wir werden in die Enge getrieben und finden doch Raum, wir wissen weder aus noch ein und verzweifeln dennoch nicht, wir werden niedergestreckt und doch nicht vernichtet« (2 Kor 4, 8–9). Aus dem Wissen, daß Jesus unsere Verwundungen mitträgt, lassen sich Spannungen aushalten, läßt sich die Wirklichkeit mit ihren Widersprüchen annehmen. Dahinter steckt keine falsche Kreuzestheologie, die Verwundungen verdrängt oder verharmlost – gerade wenn ich sie annehme, spüre ich auch, woher mir die Kraft geschenkt ist, Spannungen auszuhalten. Wenn ich meine Grenzen in den Blick bekomme, sehe ich auch Möglichkeiten zur Überschreitung. Das geht, weil Jesus mit-geht, weil er sich an begrenzte Menschen bindet und sich durch ihre Halbheiten und Bruchstücke verschenkt.
Darin steckt eine im besten Sinn »heilsame« Erfahrung: Menschliches Versagen, eigenes wie fremdes, muß nicht lähmend wirken, weil Gott das entscheidende »Ja« sagt und uns in der Form täglicher Umkehr stets neu annimmt.

Keine »Berührungsängste«

Wer Verwundungen und Konflikte verdrängt, hat meistens *Berührungsängste* – das wird an der Gestalt des *Thomas* deutlich, der sich bei der direkten Begegnung nicht traut, was er vorher lauthals gefordert hat: die Wunden Jesu zu berühren (Joh 20,24–29).
In dieser Spannungssituation des Apostels erkenne ich mich auch als Priester wieder. Auch da gibt es Berührungsängste, gibt es Widersprüche zwischen Absicht und

Das Wiedersehen: Christus und Thomas (Ernst Barlach. Holzplastik, 1926. Wkvz.-Nr. 307).

Verhalten. Wir fordern in unseren Predigten ganz überzeugt Zuwendung zu den Leidenden und haben Angst, Berührungsangst vor Besuchen bei schwerkranken Patienten, weil wir uns unsicher fühlen ... Wir fordern mehr Lebensraum für Behinderte und sind selbst unsicher im Umgang mit ihnen ... Wir wollen Hilfe für Enttäuschte, Gescheiterte und geben uns doch lieber mit denen ab, bei denen alles normal läuft ... Wir sagen: Man muß sich um die problematischen Menschen kümmern – und sind dann doch lieber im Kreis derer, die uns bestätigen. Überall zeigen sich Formen von Berührungsangst im Umgang mit Verwundungen, Glaubenskonflikten, beschädigtem Leben.

Ein Priester muß vorsichtig sein mit der Aussage, er sei von seinem Auftrag her ein Mensch *für* die anderen – das Problem besteht darin, daß er in der Spaltung zwischen Wollen und Wirken ein Mensch ist *wie* die anderen. Wie sieht der Weg aus, der aus diesem Dilemma herausführt?

Jesus provoziert Thomas geradezu zur Berührung: Leg deine Hand in meine Wunden! Dadurch wird Thomas sehend, bekommt er einen neuen »Durchblick« auf Jesus, in dessen Auferstehung Gott tödliche Situationen durchbricht und seine Liebe eben durch Verwundungen hindurch verschenkt. Auch hier geschieht keine Verharmlosung; die Wunden Jesu werden nicht verborgen, aber sie sind verklärt, sie erscheinen in einem neuen Licht: Das, was scheinbar Zerfall und Weg in die Vernichtung bedeutet, kann zum Durchblick auf Gottes grenzenlose, todüberwindende Liebe werden, die uns die Berührungsangst nehmen will.

Genau das ist auch meine Bitte für die Priester: daß sie solche Ängste überwinden, daß durch ihren Umgang mit Verletzungen etwas von diesem neuen Durchblick auf Gott spürbar wird und daß sie den Menschen Mut machen, in ihren Verwundungen nicht zu resignieren.[3]

Der Priester – »Verbindungsmann Gottes«?

Vor einiger Zeit habe ich in einer Predigt den Satz gehört, ein Priester sei der »Verbindungsmann Gottes«. Diese Aussage kann zugleich falsch und richtig sein. Falsch wäre sie, wenn man meint, ein Priester hätte privilegierte Beziehungen, sozusagen eine »besondere Nummer« bei Gott. Dagegen gilt: Jeder Mensch steht in einem unmittelbaren, unersetzbaren Glaubenskontakt.
Richtig wird ein solches Wort aber dann, wenn man »Verbindung« anders versteht: Der Priester soll in seinem »Dienst an der Einheit« nicht nur Glaubensverbindungen herstellen, damit Gemeinschaft wachsen kann. Er ist vielmehr oft genug »Verbindungsmann« im ganz konkreten Sinn von »erster Hilfe«, indem er menschliche Verwundungen erkennt, sich ohne falsche Angst mit ihnen abgibt und so Mut zu einer Heilung macht, die dann auf neue Weise mit Gott in Berührung bringt.

Anmerkungen

[1] Zum weiteren Zusammenhang vgl. K. Hillenbrand, Damit sie das Leben haben. Erlösung – heute bedacht, Würzburg 1985, bes. 10 ff.

[2] Siehe dazu P.-W. Scheele, Gnade – Liebe – Gemeinschaft. Lebenshilfen aus den Korintherbriefen des heiligen Paulus, Würzburg 1991, 145 ff.

[3] Anregend sind in diesem Kontext die Gedanken von K. Lehmann, Wider die Wehleidigkeit, in: Ders., Geistlich handeln, Freiburg/Basel/Wien 1982, 114–119 sowie die sehr persönlichen Lebenszeugnisse bei G. Reséguier (Hrsg.), Die erste Liebe. Vom Glück, ein Priester zu sein, Münsterschwarzach 1991.

Dienen will gelernt sein

Einer der Weihekurse unseres Priesterseminars hatte sich als Motiv für die Einladung zum Gottesdienst einen Holzschnitt von Walter Habdank ausgewählt.[1] Beim näheren Betrachten der Abbildung wurde mir mehr und mehr deutlich, daß sich hier Grundhaltungen verdichten, die nicht bloß für das Verständnis des priesterlichen Dienstes wichtig sind, sondern Kennzeichen des Christseins überhaupt darstellen.

Bodenhaftung

Auffallend sind zunächst die fast übergroßen Hände, mit denen sich die Gestalt auf dem Boden abstützt. Solche »Bodenhaftung« ist gleichermaßen notwendig und riskant: Man steht in direktem Kontakt zur Wirklichkeit, kann sich dabei aber leicht die Finger schmutzig machen. Doch wer den Mut zum Dienen (De-mut!) aufbringt, darf dabei keine falschen Berührungsängste kennen. Eine Erschließungshilfe gibt mir dabei der lateinische Ausdruck »humilis«. Er heißt übersetzt nicht nur »demütig«, sondern bedeutet vom Wortsinn her »erdnah«.
In Jesus Christus verwirklicht sich die »Erdennähe« Gottes selbst bis dahin, daß er auch vor dem Schmutz menschlicher Konflikte und Leidenschaften nicht zurückschreckt, sondern sich mitten hinein begibt. Christliches Dienen hat darin seinen zentralen Maßstab und ist deshalb stets auch an seiner »Bodenhaftung« erkennbar, an der Bereitschaft, mit beiden Händen an der Wirklichkeit festzuhalten und sie anzunehmen. So wünsche ich mir als Regens Priester, die niemals »abheben«, sondern stets auf dem Boden der Tatsachen bleiben und im besten Sinn »zupackende« Menschen werden.

Walter Habdank, Der Seher (Holzschnitt, 1969).

Weitblick

Die Realität annehmen kann jedoch nur, wer weitblikkend ist. Die Augen auf dem Bild sind über das Nächst-

liegende hinausgerichtet. Für mich besagt das: Dienender Glaube ist stets auf »Horizonterweiterung« angewiesen und darf sich nie auf bloße Selbstbespiegelung zurückziehen. Wer nur die eigene Befindlichkeit (so wichtig sie auch ist) zum Maß allen Empfindens und Handelns macht, kommt schnell ans Ende seiner Möglichkeiten. (Manche Wehleidigkeit gerade im kirchlichen Dienst scheint mir darin ihre Ursache zu haben.)
Von hier aus bekommt aber auch ein oft mißverstandenes Wort eine neue zündende Bedeutung: Es wird heute nicht selten darüber geklagt, daß das Amt in der Kirche an *Autorität* verliere. Aber Autorität, »auctoritas«, heißt übersetzt: Ansehen – und man darf in diesem Zusammenhang ruhig noch einmal an die Deutung erinnern, daß nur der überzeugt, der in seinem Dienst Gott und die Menschen an-sieht.[2] Solches »Ansehen«, das überhaupt nichts mit vordergründigem Prestigedenken zu tun hat, gelingt aber nur durch ständige Blickerweiterung. Mein zweites Anliegen im Blick auf unsere Priesterausbildung zielt deshalb dahin, daß »Menschen mit Weitblick« auf diesen Beruf vorbereitet werden.

Auf dem Sprung sein

Bezug zur Wirklichkeit und Bemühen um Weitblick – beides wird zusammengehalten durch einen dritten Aspekt, den der Holzschnitt ausdrückt: die Bereitschaft zum Aufbruch. Anders gesagt: Dienender Glaube hat immer die Form helfender Wegbegleitung für hoffende, fragende, suchende Menschen und braucht deshalb stets die Fähigkeit, »auf dem Sprung« zu sein, sich nicht einfach mit dem Erreichten zufriedenzugeben. Nur so bleibt kirchliches Dienen in Bewegung und erliegt nicht der Gefahr, zum klerikalen Management zu verkommen.

Solche Beweglichkeit setzt ebenso voraus, daß dieser Aufbruch gerade auch in der Erfahrung der eigenen Hinfälligkeit und des persönlichen Versagens gewagt werden kann. Möglich wird diese Haltung aber nur durch die Erfahrung einer ganz eigenen *Dynamik*, die man mit einem Apostelwort als »Kraft von Gott her« deuten darf (vgl. 2 Kor 4,7). Von daher kommt auch meine Zuversicht, daß Gott uns Priester in ständiger »Aufbruchstimmung« hält und wir so im besten Sinn »dynamische« Weggefährten für die Menschen bleiben, die uns anvertraut sind.

Nochmals: Erwartungen

Natürlich bin ich mir bewußt, daß sich die genannten Hoffnungen leicht als Wunschdenken abtun lassen. Aber solange Erwartungen an den Priester nicht auf überzogenen Ansprüchen gründen, können sie etwas von dem »Vertrauensvorschuß Gottes« deutlich machen, ohne den kein Christ und erst recht kein Priester auskommt.
Am Anfang dieses Buches stand die Karikatur eines »perfekten Pfarrers«. Am Ende soll noch einmal der Entwurf eines Priesterprofils stehen, mit dem ein Familienvater seine Erwartungen an diesen Dienst ausdrückt. Es kann nachdenklich machen und zugleich ermutigen, wenn es da heißt:
»Ich erwarte vom Priester als erstes, daß er mir Gottes Wort verkündigt und nicht sein eigenes. Sodann, daß er es mir in mein Leben übersetzt. Voraussetzung ist: daß er Gottes Wort kennt und ihm die Wirklichkeit meines, unseres Lebens nicht fremd ist.
Ich erwarte vom Priester, daß er bescheiden ist und einfach lebt, daß er schweigen kann, wo andere reden, und noch Worte hat, wenn andere verstummen.

Ich erwarte vom Priester, daß er betet, daß er Tiefe hat und mir etwas davon schenkt, wo ich in der Oberfläche des Alltags oft zu versinken drohe.
Ich erwarte von ihm, daß er Zeit hat – jetzt und morgen. Der Priester ist für mich Bürge der Zeit, die Gott für mich hat.
Ich erwarte vom Priester, daß er liest und nicht aufhört zu fragen – zu viele fragen nicht mehr und können folglich auch nicht mehr antworten. Wir brauchen nicht hochwürdige, sondern im besten Sinn frag-würdige Priester, deren Leben mich ermutigt, die Frage nach Gott neu zu stellen ...
Ich erwarte vom Priester, daß er zu mir, zu uns kommt – und nicht wartet, bis wir kommen.
Ich erwarte viel vom Priester – vielleicht erwarte ich zuviel. Ich weiß: Viel von dem, was ich erwarte, muß ich selber erbringen. Wichtig scheint mir besonders, daß er lebt, was er glaubt. Ich weiß, wie viele Menschen, die heute so unruhig sind, danach suchen: nach Glaubwürdigkeit. Sie ist das stärkste Argument.«[3]

Anmerkungen

1 Zur künstlerischen Interpretation vgl. H. Bieber, Walter Habdanks Holzschnitte zur Bibel, in: P. Neuenzeit (Hrsg.), Bilder der Hoffnung, München 1980, 9–13 sowie speziell zu dieser Darstellung Th. Eggers, ebd. 40–43.
2 Vgl. S. 98 und im weiteren Zusammenhang K. Lehmann, Signale der Zeit – Spuren des Heils, Freiburg/Basel/Wien 1983, 172–181.
3 M. Albus, Erwartungen eines Laien an den Priester, in: Lebendige Seelsorge 33 (1982), 202.

Quellenverweise

Die meisten Beiträge dieses Buches gehen auf anderweitige Erstveröffentlichungen zurück. Für die Genehmigung zum überarbeiteten Abdruck sei herzlich gedankt.

Wonach junge Menschen fragen: Lebendiges Zeugnis 46 (1991), 263–268
Priesterberufe und unsere Mitsorge: Würzburger kath. Sonntagsblatt 132 (1985) Nr. 7, 12–13
Zur Aufgabe des Priesterseminars heute: K. Hillenbrand (Hrsg.), Unser Auftrag. Besinnung auf den priesterlichen Dienst, Würzburg 1990, 48–56
Diakonia als »lebenslanges Zwischenspiel«: Entstanden aus drei Beiträgen für das Würzburger kath. Sonntagsblatt 132 (1985) Nr. 30, 12–13; 133 (1986) Nr. 30, 12–13 und 136 (1989) Nr. 29, 12
Priesterweihe – wofür?: Würzburger kath. Sonntagsblatt 131 (1984) Nr. 9, 10–11
Eucharistische Lebenskultur: H. Ritt (Hrsg.), Gottes Volk. Bibel und Liturgie im Leben der Gemeinde Bd. 6, Stuttgart 1988, 96–104
Armut als bleibender Anspruch: Würzburger kath. Sonntagsblatt 139 (1992) Nr. 6, 16–17
Ehe und Ehelosigkeit – zwei Wege der Liebe Gottes: Würzburger kath. Sonntagsblatt 134 (1987) Nr. 30, 16–17
Grundlinien des Gehorsams: Würzburger kath. Sonntagsblatt 135 (1988) Nr. 29, 10
Priester und Laien im Dienst an der Glaubensverwirklichung: Würzburger kath. Sonntagsblatt 135 (1988) Nr. 7, 10–11
Der Dienst des Diözesanpriesters und das Leben der Ordensleute: Würzburger kath. Sonntagsblatt 136 (1989) Nr. 18, 18–20
Zeugen gesucht: Kirche am Mikrofon 17 (1989), 189–191
Die verwundeten Helfer: Würzburger kath. Sonntagsblatt 138 (1991) Nr. 7, 10–11
Dienen will gelernt sein: Würzburger kath. Sonntagsblatt 138 (1991) Nr. 28, 18

Fotonachweis: S. 122, 124, 126: Hans Heer
S. 132: Schult
S. 136: Die Abdruckerlaubnis für dieses Bild erteilte freundlicherweise Herr Walter Habdank.